鬼一郎

はじめてのトライアスロン

GS
幻冬舎新書
645

はじめに

2つのトライアスロン

「トライアスロンをやっています」と人に告げると、ずいぶん驚かれたり感心されたりすることがあります。

「すごいですね」と言われてまんざら悪い気はしませんから、あえてくわしい説明をしたりはしませんが、「ああ、何か誤解をされているな」と思ったことが何度もありました。

むやみに感心された方は、おそらく鉄人レースとして有名なアイアンマンのような長い距離のレースを思い浮かべたのでしょう。スイム（水泳）が３・８キロ、バイク（自転車）が１８０キロ、さらにラン（走り）がフルマラソンと同じ42・１９５キロ、これはたしかに過酷を極めます。

しかしながら、トライアスロンにはもっと短い距離の大会もたくさんあります。頂点に位置するアイアンマンがハード・トライアスロンだとすれば、こちらはさしずめソフト・

トライアスロンでしょうか。

もう一つ、トライアスロンのスイムは必ず海で行われると思っている方も多いと思います。テレビで放映されるトライアスロンのスイム会場はおおむね海ですから（湖などのほかのオープンウォーター、すなわちプールのようなコースの区切りのない水泳会場の場合もあります）、これは無理もありません。

しかし、スイムがプールで行われる大会も少なからず開催されているのです。現に、わたしも3戦目まではスイムがプールの大会でした。

人間の限界にチャレンジするハード・トライアスロンは崇高《すうこう》な競技ですが、本書でまず目指すのはよりハードルが低くて親しみやすいソフト・トライアスロンです。まずその点をご承知いただきたいと思います。

体にやさしいトライアスロン

アイアンマンのような長い距離の大会はともかく、オリンピック・ディスタンス（オリンピックの公式距離）くらいなら、あまり体にダメージが残らないのがトライアスロンの美点の一つです。

スイム1・5キロ
バイク40キロ
ラン10キロ

これがオリンピック・ディスタンスの基本距離です。ロング・ディスタンスと対照させた「ショート」、あるいは「スタンダード」とも呼ばれています。

各競技がオリンピック・ディスタンスの半分の距離のスプリントの大会も多く行われています。メインがオリンピック・ディスタンスで、初心者向きのスプリント・ディスタンスが併催されている大会も目立ちます。

スイム750メートル
バイク20キロ
ラン5キロ

これがスプリントの基本距離です。

さらに、もっと短いスーパースプリントや、コース設定の特性によるイレギュラーな距離の大会もあります。また、キッズレースが併催されている家族向けの大会も増えてきました。

こういったオリンピック・ディスタンス以下の距離の大会では、フルマラソンなどより体にダメージが残りません。その理由はただ一つ、各競技で使う筋肉が異なるからです。フルマラソンでは、それなりの時間、同じ「走る」という動きを反復しなければなりません。よってダメージが残ります。

フルを超える距離を走るウルトラマラソンではなおさらです。「どこかが痛くなってからがウルトラ」と言われます。体力もさることながら、不屈の忍耐力と精神力も要求されるのがウルトラマラソンです。

わたしはこれまでに、フルマラソンとウルトラマラソンとトライアスロンを通算で１００回以上完走してきました。その経験に基づけば、体へのダメージの残り方は少ないほうから次のような順になります。

トライアスロン（オリンピック・ディスタンス以下）↓フルマラソン↓ウルトラマラソン

オリンピック・ディスタンスのトライアスロンのダメージは、ハーフマラソンとほぼ同じくらいでしょうか。３種目それぞれに異なる筋肉を使うトライアスロンは、一般に思われているよりはるかに体にやさしいスポーツなのです。

完走すれば喜びも3倍

トライアスロンのゴール写真を見ると、どれもいい笑顔になっています。「ああ、やりつくした」という満足感が伝わってくるかのようです。

もちろんフルマラソンでも満足感や達成感はありますが、トライアスロンではその喜びが３倍になります。

大会というのはピアノやバレエなどの習いごとの発表会のようなもので、そこに至るまでには長い練習の時間が積み重ねられています。トライアスロンは３種目ありますから、時間をやりくりしながらそれぞれの練習をこなしていき、やっと晴れ舞台に立ってゴールを迎えるのです。喜びもひとしおです。

次に、レースに即して考えてみましょう。

トライアスロンの実施種目の順番は決まっています。

スイム↓バイク↓ラン

オープンウォーターで行われるスイムが悪天候によって中止され、第1ラン↓バイク↓第2ランのデュアスロン形式（バイクとランの2種目）に変更されることはありますが、基本的にはこの順番は変わりません。

第1種目のスイムのスタート時は、どんなに経験を積んでいても緊張するものです。ことに海の状態が芳《かんば》しくなかったりすると、「果たして無事に戻ってこられるだろうか」という不安が高まります。

そんな不安をなだめてスタートし、無事完泳すると、心底ほっとします。スイムが終われば、トライアスロンの半分以上をクリアできたような気持ちになるものです。

次はバイクです。この競技にもリスクがつきまといます。レース中にパンクしたり、思わぬ故障が起きたりするかもしれません。あるいは、転倒したり、ほかの選手の落車に巻きこまれたりする危険性もあります。

そんなリスクのある2種目めのバイクを無事終えることができれば、いよいよ残るはランだけです。トライアスロンはおおむね夏に行われますから、暑さとの戦いになることもしばしばあります。

それを乗り切っていよいよゴールが見えてきたときの感動は、何物にも代えがたいものがあります。3種目をこなしてきただけに、喜びもまた3倍になるのです。読者のみなさんにも、ぜひその感動を味わっていただきたいと思います。

生涯スポーツとしてのトライアスロン

デビューから15戦目まではすべてオリンピック・ディスタンスだったのですが、いよいよステップアップしてミドルの大会に臨みました。スイム2キロ、バイク80キロ、ラン20キロで行われる長良《ながら》川《がわ》ミドルトライアスロンinアクアフィールド102です。へろへろで完走したその顚末《てんまつ》は第2章の終盤をお読みいただくとして、ここではまず大会の案内文から引用してみましょう。

「トライアスロンは一定のトレーニングを積めば老若男女を問わず、誰でも完走を目指すことができる生涯スポーツです。ただし3種目を連続して行うため『レジャースポーツ』ではなく『競技スポーツ』と認識し、十分に準備して大会に臨んでください。完走の第一歩は各種目の特性と危険要因を知り、日頃からレースを想定した練習と健康管理を行うことです」

簡にして要を得たまとめ方です。キッズレースから高齢者も参加するレースまで、トライアスロンはまさに老若男女が楽しんでいます。

加齢によって体力が少しずつ落ちていくのは致し方ありませんが、その分、経験値は増していきます。また、トライアスロンには機材をグレードアップしていく楽しみがあります。ことに、最も競技時間が長いバイクは機材の差が歴然と出ます。同じ脚力であれば、10万円のバイクより１００万円のバイクのほうが格段に速く走ることができるのです。

とはいえ、たとえば学生の身で１００万円のバイクは高嶺《たかね》の花でしょう。社会人として実績を積んで経済的な余裕が生まれた（あるいは定年を迎えた）中高年なら、それ相応の投資をすることも可能です。つまり、体力の衰えを機材がカバーしてくれるわけです。これはほかのスポーツにはないトライアスロンの特性の一つでしょう。

バイクだけではありません。スイムのウエットスーツなども、特注の最上級品はかなりの値段がします。ランだけはうかつに最高級のランニングシューズを購入したりすると筋力がついていかず故障につながってしまいますが、年齢とともに機材をグレードアップしていくのは、生涯スポーツであるトライアスロンの楽しみの一つです。

レジャースポーツと競技スポーツ

長良川ミドルトライアスロンの案内文では、もう一か所、「『レジャースポーツ』ではなく『競技スポーツ』と認識し、十分に準備して大会に臨んでください」というくだりも示唆に富んでいます。レジャースポーツより競技スポーツのほうがリスクを伴うことは言うまでもありません。

ランニングだけの大会なら、途中で故障したり具合が悪くなってしまったりした場合、わりと容易にリタイアすることができます（山道を走るトレイルランニングやウルトラマラソンではリスクもありますが）。

しかし、スイム、ことに海での大会ではそうはいきません。浮力のあるウエットスーツの着用を義務づけている大会は多く、レスキューボートが何艘も並走して選手の危険に目を光らせています。主催者は万全を期しているのですが、それでもオーシャンスイム（海での泳ぎ）にはリスクがつきまといます。ひとたび岸を離れれば、後戻りができません。陸上のようにすぐリタイアすることができないのです。

そういったリスクがあることを頭に入れ、しかるべきトレーニングを積めば、そして、制限時間が厳しくない身の丈に合った大会を選んで出場すれば、だれでも完走できるのがトライアスロンという競技スポーツなのです。

いちばん低いところから

トライアスロンの入門書を執筆されているのは、おおむね実績を積んできた元選手の方々です。一方、わたしは一介のトライアスロン愛好者にすぎません。ロング・ディスタンスの経験がありませんし、主として出場しているオリンピック・ディスタンスで３時間を切ったこともありません。いつも下から数えたほうが早い成績ばかりです。

一流のトライアスリートから鼻で笑われそうな実績しかないのに入門書を書く資格はあるのかとも思いましたが、いちばん低いところからトライアスロンを始めたという自負のようなものは充分にあります。ならば、同じようにいちばん低いところから始める人の参考になるものが書けるのではないかと思い直したのです。

くわしくは本文で述べますが、46歳まで運動経験が皆無に近く、52歳までまったく泳げなかったわたしが、スイムが海で行われるオリンピック・ディスタンスの大会で完走するまで、一つずつどんなステップアップをしていったか。その過程で、どういうハードルをクリアしていったか。わかりやすくお伝えすれば、同じようにいちばん低いところから始める人たちのお役に立てるのではないかと考え、本書の執筆を志した次第です。

マラソン愛好家なら、出版業界にもたくさんいます。しかしながら、トライアスリートにはいまだに会ったことがありません。だんだん増えてきたとはいえ、マラソンに比べるとトライアスロンはまだまだ少数派のスポーツです。

一人だけ、出版業界のトライアスリートを思い出しました。村上春樹さんです。苗字と同じ村上《むらかみ》・笹川《ささがわ》流れ国際トライアスロンを筆頭に、オリンピック・ディスタンスの大会を何度も完走されています。

とはいえ、まさか村上春樹さんにトライアスロンの入門書を執筆していただくわけにはいかないでしょう。そこで、不肖ナンバー2のわたしの出番です（フルマラソン、ウルトラ１００キロ、トライアスロンのオリンピック・ディスタンス、いずれも村上春樹さんが専業作家のベストタイムをお持ちですが、二番目のタイムはすべてわたしが保持しているのです）。

オリンピック・ディスタンスばかりでなかなかその先へ行こうとしなかったわたしに対して、トライアスロン仲間は「慎重すぎる」「石橋をたたいても渡らない」などと半ばあきれたように言ったものですが、そういう性格はいちばん低いところから始める方向けの入門書執筆にはかえって適しているのではないかと思います。

逆に、初めから競技志向の強い方は、わたしの経験談とそれに基づくアドバイスだけでは物足りなく思われるかもしれません。そこで、それを補うべく、ステップアップしていくための書物を中心に、役に立ちそうなものをできるだけ幅広く紹介することにしました。いずれはロングからアイアンマン、さらには世界選手権までという方に対して、あいにく経験に基づくアドバイスはできませんが、ある程度の道筋を示すことはできるはずです。

では、ここがスタートラインです。

役に立つとともに、風を感じるような読み物にもしたいと念願しています。

３種目を滞りなくこなし、達成感に包まれながら笑顔でゴールすることを祈って、レディ、ゴー！

はじめてのトライアスロン／目次

第1章　完走すべてが勝者

トライアスロンの歴史と理念

トライアスロンの始まり

個人的な経験を語る前に、トライアスロンの歴史と理念について一章を割いて説明しておくことにしましょう。堅苦しい記述ではなく、エピソードを盛りこみながら綴っていきますので、気楽にお読みいただければ幸いです。

トライアスロンが始まったのは1970年代ですから、まだ歴史の浅いスポーツです。どこを起点とするかは考え方によって異なりますが、1974年、アメリカのカリフォルニア州サンディエゴで誕生したという説が有力です。

トライ（ラテン語で「3」）にアスロン（競技・運動）を組み合わせたトライアスロンという名称が用いられたのは、たしかにサンディエゴ・トラッククラブが主催した大会が嚆矢《こうし》でしたが、現在の競技とは順番と距離が大きく異なっていました。

　ラン4・5キロ↓バイク8キロ↓スイム0・4キロ↓ラン3・2キロ↓スイム0・4キロ

　なんだかずいぶんせわしない競技です。

　あまりにも現在とは違うため、これはあくまでも前史と見なし、次の歴史的事実を起点とする考え方も有力です。

　場所をハワイのオアフ島に移します。

　当時、オアフ島ではスイム、バイク、ランの大きな大会が催されていました。ランはいまに続くホノルルマラソン、42・195キロです。

　スイムはワイキキ・ラフウォータースイムで、距離は約3・8キロ。バイクはアラウンド・オアフ・バイクレースで、約180キロの大会でした。

　1977年のこと。マラソン大会の打ち上げの場で、この3つの競技のうちどれが最もタフかという話題が出ました。

　そりゃあ、スイムだろう。いやいや、バイクのほうが長くてつらい。そんなことはないさ、マラソンよりきついものはない。

酒も入っていますから、甲論乙駁でいっこうに結論が出ません。

そんなおり、ジョン・コリンズという元海軍中佐が、あることを思いついて提案しました。

「それなら、３つまとめてやってみたらどうだろう。そうしたら、どれがいちばんタフかわかるだろう」

彼がそんな発想をしたのには下地がありました。ジョン・コリンズはサンディエゴ・トラッククラブのメンバーで、１９７４年にサンディエゴで行われたせわしない大会に妻のジュディとともに参加していたのです。

コリンズの提案はただちに受け入れられたわけではありませんでした。そりゃそうでしょう。１つだけでもきついレースを３つ続けて行おうという提案ですから、二の足を踏む人が多かったのも無理はありません。

結局、１９７８年2月18日、第1回のアイアンマン・レースに参加したのは、たった15人でした。そのなかには提案者のコリンズも含まれていました。そのうち12人が完走したという記録が残っています。

翌年の第2回大会も参加者は15名のままでした。そのうちリン・メイヤーという女性が1人だけ参加し、立派なタイムで完走しています。

草創期のアイアンマン・レースの舞台は、いま世界選手権が行われているハワイ島ではなく、オアフ島でした。少人数で開催された風変わりなスポーツとしてそのまま埋もれてしまってもおかしくなかったのですが、僥倖《ぎょうこう》にも、ゴルフの取材に訪れていたマスコミが取り上げることによって、この新しいスポーツは注目を浴びることになるのです。

第2回大会のレポートが「スポーツ・イラストレイテッド」という有力な雑誌に掲載されました。同誌の記者はゴルフのハワイアン・オープンの取材に来ていたのですが、たまたま遭遇した目新しい競技に興味を引かれて記事にしたのです。この幸運な出来事により、１９８０年の第3回大会は参加者が１０８人と大台を超えました。

この第3回大会では、のちに世界選手権で6度も優勝し、トライアスロンの神様と呼ばれるようになるデイブ・スコットが驚異的なタイムで優勝しました。その圧倒的なパフォーマンスの模様は全米に放映され、ハワイで行われるアイアンマン・レースは一躍有名になったのです。

１９８１年には、交通事情がより安全なハワイ島のコナに開催場所が移りました。それ以来、毎年10月に行われるアイアンマン世界選手権（＝コナ）は、トライアスロンの最高峰の大会として君臨しつづけています。

日本で初めての大会

１９８１年は、日本のトライアスロン界にとっては重要な年になりました。

まず、２月に行われたハワイの世界選手権に初めて８人の日本人選手が出場しました。そのうち最年長だった堤《つつみ》貞一郎《ていいちろう》選手は、前年までカナヅチでクロールもろくにできないほどのスイムの腕前でしたが、すべて背泳ぎでどうにか最下位で泳ぎ切り、マメがつぶれるなどのアクシデントを乗り越えて、翌朝ランのフィニッシュをして観客を驚かせました。厳格な制限時間が設定されているいまならＤＮＦ（ディド・ナット・フィニッシュ＝途中棄権）でしょうが、おおらかだった草創期ならではのエピソードです。

日本人として初めて世界選手権に出場した選手の一人に永谷誠一《ながたにせいいち》さんがいました。鳥取県の皆生《かいけ》温泉の青年部は地元の活性化のためにトライアスロンの大会を招聘《しょうへい》しようと思い立ち、永谷さんなどの適切なアドバイスを得て実行に移しました。こうして、世界選手権の半年後の１９８１年８月、日本で初めてのトライアスロン大会が呱々《ここ》の声を上げたのです。永谷さんはその後も数々のユニークな大会を立ち上げ、市民ランニングの普及・発展に貢献した人物や団体などを表彰する「ランナーズ賞」を受賞しました。

記念すべき第1回全日本トライアスロン皆生大会に参加したのは、わずか53名のトライアスリートでした。

この記念すべき第1回大会を制したのは、「受験生ブルース」などのヒット曲で有名なフォークシンガーの高石《たかいし》ともやさんでした。芸能人のフルマラソンのベスト記録を長く保持していた高石さんは、得意のランで先頭に出てそのまま優勝したのですが、実は優勝者は高石さんだけではありませんでした。

15キロ地点で追いついてきた選手と長い間デッドヒートを繰り広げ、ゴールまであと8キロの地点にある歩道橋を渡りました。皆生のランコースには信号待ちや歩道橋もあるのです。

「このまま一緒にゴールインしようか」

「最後は手をつなぎましょうか」

高石さんはライバルとそんな会話を交わしました。そして、その後も相手を出し抜いたりすることなく、本当に手を取り合ってゴールしたのです。

このエピソードは、「完走すべてが勝者」をモットーとする友愛のスポーツ、トライアスロンを象徴するものでしょう。

完走すべてが勝者——その初めのレース

トライアスロンで最も有名なモットー「完走すべてが勝者」には、そのいわれとなったレースがあります。

１９８２年にハワイのコナで行われたアイアンマン世界選手権で、ジュリー・モスという選手が女子のトップを走っていました。このままゴールテープを切るかと思いきや、過酷なレースで脱水症状に見舞われたモス選手は、残りわずかのところで走れなくなってしまったのです。

何度も倒れては立ち上がり、ゴールを目指しているあいだに、モス選手は後続に抜かれて2位に落ちてしまいます。それでも懸命にゴールを目指し、最後は這ってゴールにたどり着いた姿が世界中に放映され、大きな感動を呼びました。その臨場感あふれるシーンは、ユーチューブで検索すればいまでも観ることができます。

「完走すべてが勝者（just finishing is a victory)」

トライアスロンで最も有名なスローガンは、このレースから生まれたのでした。

もう一つの感動のレース

「完走すべてが勝者」を強く印象づけたレースをもう一つ紹介しましょう。年間を通して行われる権威ある世界トライアスロンシリーズ（正式名称はＩＴＵ世界トライアスロン選手権で、世界各国を転戦する）は、国内の横浜でも開催されています。２０１７年の横浜大会はあいにくの雨で、バイクパートで複数の落車事故が起きてしまいました。

落車した選手のなかには、優勝候補の一角だったイギリスのジョナサン・ブラウンリー選手も含まれていました。ロンドン五輪で銅、リオ五輪では銀メダルを獲得し、２連覇を果たした金メダルの兄・アリステアとともに表彰台に上った名選手です。

ジョナサンは落車したばかりでなく、転倒の衝撃でバイクが故障してまったく動かなくなってしまいました。だれもが途中棄権（ＤＮＦ）だと思った瞬間、彼は意想外な行動に出ます。

なんと、動かなくなった愛車をかついで走りだしたのです。競技用のバイクなのでむやみに重くはありませんが、残り距離は1キロもありました。バイクシューズはペダルに固定されていますから裸足です。雨のなか、ジョナサンはバイクをかついでトランジション（スイムからバイク、バイクからランへ転換する場所）まで走り、３種目めのランにつないで完走しました。

むろん、優勝候補としては不本意な順位でしたが、それよりも大切なものがあることを、ジョナサン・ブラウンリーはバイクをかついで懸命に走る背中で教えてくれたのです。

どんなレベルでも「完走すべてが勝者」

ここまで紹介したのは一流のトライアスリートの逸話でしたが、「完走すべてが勝者」というトライアスロンのスローガンは、すべてのトライアスリートに当てはまります。トライアスロンに参加する選手は千差万別です。年齢も体力も素質も、練習に費やせる時間などの環境も、選手によってまちまちです。

それぞれの条件を背負ってベストを尽くし、練習を重ねて大会に臨み、３種目をクリアして完走した選手はすべてが勝者と言えるでしょう。たとえ多くの選手に負けていたとしても、それぞれのレベルに合わせた自分との戦いには勝ったわけですから。

わたしは長短のマラソン大会に１００戦以上出ていますが、よりハードだと思われているトライアスロンのほうがゴールシーンはゆるくてアットホームです。多くの大会で仲間や家族との同伴ゴールが認められていますし、マラソン大会より参加人数が少ないこともあって、後方の選手にも惜しみない声援が送られます。ことに、ラストにゴールした選手は、会場じゅうが盛大な拍手で迎えます。

世界トライアスロンシリーズなどのエリートの大会でも、ゴール前で観客と笑顔でハイタッチを交わすシーンなどがよく見られます。これがマラソン大会ならタイムが重要視されますから、選手は必死に１秒でも早いゴールを目指します。

その点、トライアスロンは会場のコース設定や気象条件などで大きくタイムが違ってきますから、順位のほうに重きが置かれます。市民マラソンで距離が違っていたら問題になりますが、トライアスロンの一般レベルの大会では距離はわりとアバウトです。スイム１・５キロ、バイク40キロ、ラン10キロという設定でも、実際の距離には誤差があったりします。選手はみんな同じ条件なのだから、まあいいじゃないのというアバウトさがトライアスロンらしいところです。バイクの距離が40キロちょうどじゃなかったとクレームをつけたりする選手はいません。

東京五輪のプレ大会の女子の部で、イギリスの二人の選手が手をつないでゴールして失格になったという出来事がありました。たしかに規定違反かもしれませんが、個人的には、友愛のスポーツであるトライアスロンでは、健闘を称えあっての同伴ゴールには目をつぶるような鷹揚さがあってもいいのではないかと考えます。

「トライアスロン栄光の軌跡」

わたしの書斎には「トライアスロン栄光の軌跡」と題された分厚い個人用のファイルがあります。

トライアスロン大会の完走証やリザルト（正式記録）、パンフレットや写真、さらに完走メダルなどがファイルされています。マラソンと違って大規模大会でも千人程度ですから、リザルトをプリントアウトしてもさほど分厚くはなりません。自分の名前にマーカーをつけたリザルトが、参加した大会の数だけ蓄積されています。

マラソン大会でも完走証や完走メダルなどをもらいますが、いま手元に残っているのは、24時間走の大会で１３１キロを走ったときの記録証だけです。それだけはどうしても捨てるにしのびなかったのですが、ほかのフルマラソンのものは処分してしまいました。

にもかかわらず、トライアスロンだけはなぜ保存する気になったのか。平たくいえば、ランだけの競技とは達成感が違ったからです。

　トライアスロンはスイム、バイク、ランの3種目をこなすだけではありません。そこに至るまでの練習の過程、家族の理解や支え、完走できるのかという心の葛藤、さまざまな準備のプロセス、そういった人生の重みのかかった諸要素をクリアしたうえでの完走ですから、感動と達成感が違ってくるのです。ゆえに、たとえ成績は下のほうでも、完走証を処分する気にはなれなかったのです。

　リザルトを見ると、下から数えたほうが早い順位ばかりです。後ろに1人しかいないブービーだったこともあります。それでも、「完走すべてが勝者」というトライアスロンの精神に照らせば、ささやかな栄光の軌跡なのです。

　では、かぎりなくゼロに近いところからトライアスロンのスタート・ゴール地点までどうやってたどり着いたのか、次章ではわたしの体験談をお話ししたいと思います。

第2章　ゼロからのスタート

わたしのトライアスロン事始

悲惨な運動経験

体育の成績は5段階評価で3がもっぱらでした。ときには2がついたこともあります。運動神経が必要とされるものは、おおむね駄目でした。球技でできるのはせいぜい野球とソフトボールで、球がそれ以上大きくなっても小さくなっても苦手でした。バレーボール、バスケットボール、サッカーなどには苦い思い出しかありません。トラウマ（精神的外傷）の宝庫です。

　卓球やバドミントンなどは、視力の関係でラケットに当てることすらひと苦労でした。遺伝性の眼病で右目の視力が０・００３しかなく矯正もできないもので、平衡感覚を要する競技は鬼門なのです。３Ｄメガネをかけても世界は何も変わりません。奥行きの感覚に欠けるところに運動神経も欠如しているのですから、卓球などは悲惨なものでした。

もう一つ、マット運動や鉄棒も視力の関係でからっきし駄目でした。見えるほうの目を本能的にかばってしまうらしく、前転すらできないのですから話になりません。鉄棒は逆上がりもできず、ただぶら下がっているだけでした。できそうもない跳び箱はケガをしないようにいったんまたいで座ってから慎重に下りていました。

運動経験は皆無に近いのですが、中学1年の半年あまりは、なぜか剣道部でした。どうして剣道部に入る気になったのか、当時の自分を問い詰めたいような気がします。当然のように長続きせず、部活経験はそこでとぎれるかと思いきや、中学3年のときに悪魔のささやきがありました。

野球部が部員不足で、存続の危機に瀕している。最上級生として入部すれば試合に出られるし、レギュラーにもなれる。

そんなささやきを聞いたわたしは野球部に入ることにしました。卓球は当たらなくても、野球のボールならそれなりに当たるでしょう。

しかし、力不足は歴然でレギュラーにはなれず、ライトの控えで背番号は13でした。公式戦の全記録は4打数ノーヒット2三振2凡ゴロです。

そんなに克明に憶えているのは、学生時代のめぼしい運動記録がそれくらいしかないからです。

いや、もう一つだけありました。市内の中学から選抜された生徒たちが走るマラソン大会への出場です。距離はたしか3キロでした。

選抜大会への出場と言っても、べつに自慢すべきことではありません。当初、わたしの中学では出場希望者がだれもいませんでした。不出場では体裁が悪いので、生徒会に入っていたわたしに「おまえ、出るだけでいいから出てこい」という命が下ったのです。

よその中学は志願した選手ですから、まったく勝負になりません。最後方の選手は会場から拍手を受けてゴールしたりしますが、そういう場面もありませんでした。わたしがあまりにも遅すぎたため、やっとゴールにたどり着いたときにはすでに撤収作業が始まっていたのです。

初めての「中の上」

部活経験が曲がりなりにもあった中学時代が終わり、地元の高校に進学しました。部活は人文地理部で、スポーツとは無縁でした。

しかし、高校時代に得たかそけき成功体験が後々につながっていきました。まだトライアスロンのトの字もありませんが、いましばらくお付き合いください。

冬場の体育の授業で、しばしばマラソンが行われました。母校の三重県立上野高校の後ろには伊賀上野城があります。日本一石垣が高い名城の石段やお濠端の坂道を通るコースですから、アップダウンがあります。

その校内授業のマラソンで、運動人生で初めての快挙を達成したのです。これまでの体育はまったくできないか、下から数えたほうが早かったのに、マラソンでは「中の上」の順位を記録したのです。運動ができる人には鼻で笑われそうですが、わたしにとってはまぎれもない快挙でした。

マラソンなら、人より走れる。

そのかそけき成功体験が、のちの伏線となったのでした。

中年は江ノ島を目指す

わたしがランニングを始めたのは46歳のときです。

人はなぜ走りはじめるのか、ランナーの数だけ動機があります。それも、単一の動機ではなく、往々にして複数の要因がからみ合っています。

もちろん、トライアスロンもそうです。トライアスリートの数だけ動機があり、入り方が違ってきます。

3種目を同時に始める人はいないでしょう。トライアスリートには入口になる競技があります。わたしの場合は「中の上」のかそけき成功体験が下地としてあったランでした。くわしく振り返ってみることにしましょう。

わたしがなぜ走りはじめたのか、まず大きな下地になったのは禁煙です。むかしはチェーンスモーカーだったのですが、遅い結婚を機に禁煙することになりました。喫煙者のままだったら、走るなんて考えもしなかったかもしれません。

新居では、以前からの夢だった猫を飼うことに決めていました。しかし、ペット可で賃料が手ごろな物件はかぎられてきます。条件に合うところを探しているうちにそれまで住んでいた東京からどんどん遠ざかり、結局、神奈川県の茅ヶ崎に落ち着きました。

初めは住むつもりではなかった茅ヶ崎に引っ越してみると、海辺にサイクリングロードが整備されていました。距離表示もなされているので、多くのランナーが走っています。そういう風景を見ているうち、自分もだんだん走ってみたくなってきました。

地縁の次は血縁です。

４つ下の弟はわたしに先んじてランナーになりました。学生時代に部活経験がある弟はフルマラソンの初戦からサブ４（４時間を切って走ること）を達成し、ほうぼうの大会に出場していました。その後はウルトラマラソンに本腰を入れ、毎週のようにウルトラ１００キロを完走、２００キロ以上の超ウルトラにも好んで出場しています。そんな弟からも刺激を受けてランニングを開始しました。

もう一つの要素は、時縁とでも称すべきものでしょうか。

茅ヶ崎に引っ越した翌年、地元でフルマラソンの大会、第1回湘南国際マラソンが開催されることになったのです。目標とするには、これはちょうどいいタイミングでした。

こうして本格的に走りはじめたのですが、初心者がよく陥る落とし穴に引っかかってしまいました。調子に乗って距離やスピードを伸ばしているうちに、ひざを痛めてしまったのです。

基礎ができていないのですから少しずつステップアップしていかなければならないところを、オーバーユーズ（欲張って練習しすぎて故障を招いてしまう）の陥穽《かんせい》にものの見事に嵌まってしまったわけです。

悪いほうのひざをかばっているうち、いいほうのひざも痛めてしまい、だましだましの練習しかできなくなってしまいました。初フルマラソンで完走できるかどうか、大ピンチです。

結局、2007年の第1回湘南国際マラソンには、両ひざに大きなサポーターを装着して出場しました。制限時間5時間40分（現在はもっと長くなっています）のところ5時間30分のゴールですから、薄氷の完走でした。いちばんきつかった最終関門を通過し、江ノ島が大きく見えてきたときはぼろぼろ泣けてきたものです。第2回からは大磯発着に移行しましたが、第1回だけは伝説の江ノ島発着だったのです。

サブ4からのハードル

ひざのサポーターは少しずつ小さくなり、やがて完全に外すことができました。マラソンを走るたびに記録が伸びていくと、モチベーションもだんだん上がっていくものです。練習を積めるようになったおかげで、フルの記録は少しずつ伸び、2年後にネット（スタートからのロスタイムを含まないタイム）でサブ4、デビューから20戦近くかかりましたがグロス（ロスタイムを含むタイム）でもサブ4を達成できるようになりました。

ランのタイムを詰めていくにあたってはいろいろな本を参考にしましたが、そういった各競技の参考書については本書の付録2にまとめ、トライアスリートになるまでの道のりを急ぐことにします。

サブ4からの目標は10分もしくは5分刻みになります。２０１２年3月の板橋シティマラソンでは初めて３時間40分の壁を破り、３時間39分00秒の生涯ＰＢ（パーソナル・ベスト）を出しました。

次の目標はサブ３・５です。このハードルをクリアして別府大分毎日マラソンに出場することが大目標となりました。

そのままフルマラソンの練習だけに絞っていれば、あるいはチャンスがあったかもしれません。しかし、小説でも趣味でもさまざまなジャンルに手を出している気の多い筆者はここで力を分散してしまいます。

一つめはウルトラマラソンです。

それまでも50キロの大会には出ていましたが、ウルトラマラソンのメインになる１００キロの大会にも出場するようになりました。ウルトラの練習は距離を踏むことが眼目になりますから、サブ３・５のためのスピード練習がどうしてもおろそかになってしまいます。

そのせいもあってタイムをそれ以上伸ばすことはできませんでした。

そして、もう一つが本書のテーマのトライアスロンでした。

トライアスロンの３つの競技の練習を並行するようになってからは、ランの月間距離が激減しました。50代の半ばからは年齢的な衰えもあって、いまではサブ４すら高いハードルになってしまっています。

そこに市民プールがあった

２０１１年の夏に、同じ茅ヶ崎で2度目の引っ越しをしました。

またしても猫のためで、それまでのテラスハウスが1匹しか飼えないという条件だったため、何匹飼っても大丈夫という山側の古い借家に引っ越し、２匹目を迎えることにしたのです。

家の近くに夏だけ営業する市民プールがあることに気づいたのは、翌年のことでした。娘が行きたがるので、初めは付き添いで行っていたのですが、試行錯誤をしているうちに10メートルくらいなら進めるようになりました。

あとは息継ぎです。息継ぎさえできるようになれば、クロールで25メートル泳ぐことも夢ではありません。さらに試行錯誤を繰り返し、まず両手を前でそろえてから、ゆっくり息継ぎをしてまた前でそろえるキャッチアップ・クロールなら、どうにか泳げるようになりました。四方を山に囲まれた盆地育ちで、まったく泳げなかったわたしが、52歳でようやく曲がりなりにもカナヅチから脱却することができたのです。近所にたまたま市民プールがあったおかげでした。

４万円のロードバイク

泳げるようになったとはいえ、初めのころはクロール（もどき）の１００メートルに４分くらいかかっていました。それから温水プールに通い、さまざまな参考書を読みながら練習しているうち、３分前後にまでタイムが詰まりました。

そのころ、ある天啓めいたものがわたしの脳裏にひらめきました。

泳げるようになった。走ることは得意だ。久しく乗ってはいないが、中学のころは自転車通学だった。これで３つそろうから、ひょっとしたらトライアスロンに参加できるのではなかろうか。

というわけで、ある大手スーパーの量販型自転車ショップをのぞくようになりました。

初めは折り畳み式自転車にしようかと思っていたくらいで、いきなり高価なバイクを買うつもりはありませんでした。

そのうち、黒のボディに緑のホイール（車輪）が美しいバイクが目にとまりました。4万円という安値ですが、一応ドロップハンドル（下ハンドルも持つことができる型式）のロードバイクです。見た目が気に入ったし、最初はこれでいいかと思って購入しました。ウェアやシューズなどもそろえ、新しいバイクで練習に出るようになりました。最弱トライアスリートとなる準備が曲がりなりにも整ったのです。

初めはプールから

「スイムがプールの大会ってあるんですか？」

ほうぼうの大会に出場しているトライアスリートからそう訊かれたことがあります。

答えは、「たくさんあります」。

第3章の初心者向け大会ガイドでは、スイムがプールで行われる国内の大会をできるかぎり採り上げました。一般のイメージでは、トライアスロンのスイムはオープンウォーター、それも波の荒い海で行われていると思われがちですが、いたってハードルの低いプールの大会もたくさんあるのです。

まずはここから始めることにしました。

初めのうちは距離の短いスプリントの大会を目標にしていたのですが、だんだんスイムのタイムが詰まってきたので、思い切ってデビュー戦からオリンピック・ディスタンスに挑むことにしました。スイム1・5キロ、バイク40キロ、ラン10キロ、オリンピックと同じ最もスタンダードな距離です。

いろいろレースガイドを調べ、デビュー戦に選んだのは、栃木県の矢板《やいた》市で開催されている、たかはらやまトライアスロンでした。

レースは下見から始まる

家に帰るまでがトライアスロン、と言われます。

では、起点はどうでしょう。会場に向かって出発するところでもいいのですが、わたしの場合は下見から始まります。

第1戦のたかはらやまと第2戦の阿武隈川《あぶくまがわ》トライアスロン（現在は希望の森トライアスロンinやながわ）、いずれも現地へ下見に行き、バイクコースの一部をランで試走してきました。

下見をしておけば安心感が違います。また、コースばかりでなく、会場へのアクセスも下見をすれば間違いがありません。トライアスロンの大会は車でのアクセスを前提としているようなところもありますが、わたしはあいにく前述の視力の関係もあって車の運転ができません。輪行で前泊し、自走で会場入りしなければならないため、そのあたりのルートの下見も念のために行ってきました。

自衛隊の基地や車のテストコースなどが会場となる大会は無理ですが、その後もほうぼうの大会の下見に行きました。なかには下見に行っただけで出場していない大会もありますが、モチベーションを上げるために「レースを下見から始める」のも選択肢の一つでしょう。

最後のコーン

トライアスロンのデビュー戦の前に、いくらか関係があるのでウルトラマラソンに少し寄り道させていただきます。

２０１４年８月のトライアスロン初戦の４か月前、鶴沼《つるぬま》ウルトラマラソンで１００キロの自己ベストを出しました。残念ながらその大会が最終回になってしまいましたが、茨城県の神立《かんだつ》駅周辺の周回コースで行われる手づくりのいい大会でした。

レースは19周と少しで行われます。この「少し」の設定が絶妙でした。

19周を終えて少し進むと、そこに最後の赤いコーンが設置されています。ここを回れば、あとはスタート・ゴール地点まで５００メートルほど戻るだけです。

ランナーは最後のところだけ逆走します。つまり、すれ違うのはこれからゴールに向かうランナーだということが、すべての選手にひと目でわかるのです。

「ナイスラン！」

「お疲れさま」

「完走おめでとう！」

ほかのランナーは拍手しながら健闘を称えます。これがなんともあたたかくて絶妙なのです。99キロ以上走らなければ回れない最後のコーンを回って逆走のウイニングランに入ったときは、わたしも感無量で涙があふれてきたものです。

さて、この鶴沼ウルトラマラソンでわたしは快走しました。ウルトラは途中でさまざまなアクシデントがあるものですが、80キロまで一度も止まることなく走れたのです。千載一週の調子の良さで、自己ベストを大きく更新できそうでした。弟にはフルマラソンもハーフマラソンもPBではかないませんでしたが、ここで一矢報いられる。そうほくそ笑みながら走っていたのです。

しかし、何かが起きてしまうのがウルトラです。80キロを過ぎると急に走れなくなってしまいました。ゆっくり歩くのがやっとのありさまです。ラスト1周だけはなぜか力が戻って走れましたが、結局サブ11・5の弟の記録は破れず、自己ベストを出したものの、11時間台の後半にとどまってしまいました。

フルでも何度かデッドヒートの末に負けることが多かった弟の後塵をまたしても拝してしまいましたが、トライアスロンなら話はべつです。弟はまったく泳げないので、そもそも出場できません。完走さえすれば、遅まきながら一矢報いることができます。

というわけで、デビュー戦に臨んだのですが、スイムがプールの大会でもそう甘いものではありませんでした。

コース上で聞いた花火の音

デビュー戦に選んだたかはらやまトライアスロンは、スイムこそプールで楽ですが、バイクはヒルクライム（丘登り）で、ランのコースにもアップダウンがあるハードな設定です。おまけに、開催が8月初めですから、かなりの確率で猛暑に見舞われます。わたしのデビュー戦も、たいそう暑い日でした。

苦手なスイムを45分ほどでどうにか切り抜け、2往復のバイクのヒルクライムに挑みました。それなりに練習はしたつもりですが、4万円のバイクでのヒルクライムはなかなかに大変で、やっとの思いでランにつなぎました。

しかし、体感では35℃を超える暑さです。日陰ではわたしよりはるかにできそうな選手が倒れていたりします。水をかぶりながら歩きもまじえ、ゴールまでようやくあと1キロになったところで花火の音が聞こえてきました。

制限時間の4時間の合図です。厳しい大会なら問答無用でここで切られたりするのですが、この大会はランの2往復目に入っていれば4時間30分まで完走扱いにしてくれます。その温情に助けられて、からくも完走証を手にしました。

いま思えば、デビュー戦はオリンピック・ディスタンスの半分の距離のスプリントにしておくべきでした。その話はのちにもしますが、バイクの難易度を考えると初戦の選択は少し荷が重かったかもしれません。

２戦目の阿武隈川トライアスロン（福島）を経て、翌年、たかはらやまに再チャレンジしました。さすがに4万円のバイクでは駄目だと悟るところがあって（阿武隈川でも面白いように抜かれました）、イタリアのクォータというメーカーの26万円のバイクを購入しました。のちにホイールをグレードアップして総額30万円強になりました。50万、１００万のバイクはざらにありますし、いい品を追求するとホイールだけで30万くらい軽く飛んだりしますから安いバイクですが、わたしの身の丈には合っています。新調したおかげでバイクの故障が減り（4万円のバイクをよく見たら、「競技用には使用しないでください」というシールが貼ってありました）、格段に走りやすくなりました。

この新しいバイクを駆り、期するところあってたかはらやまのリベンジに臨みましたが、またしても酷暑、バイクのヒルクライムに苦しみ、翌年も厳しいレースになってしまいました。

今回はコース上ではなく、ゴール後に4時間経過の花火の音を聞きたい。

ランであきらめかけましたが、気合を入れ直し、ゴールしたのが4時間経過の2秒前でした。

ゴールと同時に、祝福するかのように花火が揚がりました。盛大な拍手もわきます。これは忘れられないゴールになりました。

迷泳、猪苗代湖《いなわしろこ》

スイムがプールの大会の次は、いよいよオープンウォーターです。

オープンウォーター用の練習や準備などについては付録１で詳述しますので、スイムがオープンウォーターの大会に初参加したときのことを振り返ってみます。

２０１５年８月、トライアスロン４戦目に選んだのは、うつくしまトライアスロンinあいづ（福島）でした。スイムはそれまでのプールではなく、広大な猪苗代湖です。

この大会はバイクコースがワンウェイ（スタート地点とゴール地点が別の一方通行コース）で、前日にスイムからバイクへのトランジション（中継所）にバイクを預けることができます。バイクが並んでいるエリアには勝手に入れないようになっているとはいえ、心配なので念のためにチェーン錠をかけておきました。

当日は会津《あいづ》大学のトランジション（バイクからランへの中継所）にランの道具を預け、シャトルバスで猪苗代湖に向かいました。初めてのオープンウォータースイムですから、トランジションのセッティングをしているときも頭はそのことで一杯です。

いよいよ初のオープンウォータースイムのスタートです。バトルに巻きこまれないようにいちばん後ろからスタートしたのですが、これはかえって失敗でした。わたしは右呼吸（右側での息継ぎ）しかできず、右へ曲がる癖があります。左回りで2周するコースですから、頼りになるコースロープは常に見えません。そのうち、右のほうへコースアウトして注意されました。

修正しようと左へ向かったら、やにわに目の前にロープが現れて肝をつぶしました。あとは似たような迷泳の繰り返しです。平泳ぎしかできない人など、数人の遅いグループでどうにかゴールを目指しました。

55分近くもかけて、どうにかスイムを終えてトランジションに入りました。ほかの遅いグループの人たちはみなスイムでやめるようです。制限時間はバイクスタートまで60分ですから、タイムリミットが刻々と迫っています。

ウエットスーツを脱ぐのに手間取りましたが、どうにか準備が整い、バイクを出そうとした瞬間、ガンッと妙な音が響きました。

その音の正体がわかったとき、血の気が引きました。

そうです。前日、念のためにかけておいたチェーン錠を外すのを忘れていたのです。スイムのことで頭が一杯で、大事なプロセスを完全に失念してしまっていたのでした。

制限時間はあと少しです。焦れば焦るほど思うように手が動かず、チェーン錠の単純な数字を合わせるのにかなり時間がかかってしまいました。

これで関門アウトになったら、孫子の代までの恥だなと思いながら、バイクのスタート地点へ急ぎました。

マーシャル（公式審判員）が腕時計を見て言います。

「ちょっきりですね。スタートしてください」

本当はいくらかオーバーしていたかもしれませんが、ゴーサインを出してくれました。あのときのマーシャルの言葉は、この先も一生忘れないでしょう。

こうして薄氷を踏む思いでバイクに移りましたが、前がまったく見えない最下位です。このままでは次のランへ移るところの関門に引っかかるのは確実ですが、とにかくベストを尽くすことだけを心がけました。

このコースはワンウェイで、沿道の声援が多いことが特徴です。バイクで終了になっても悔いが残らないように、声援してくださる方には必ず大きな声で「ありがとうございます」と答えながら走ることにしました。

そうこうしているうちに、やっと1人抜くことができました。タイムオーバーになった最年長出場の選手にエールを送り、沿道の声援に応えながらなおも走っているうち、コースが下り基調ということもあってだんだん自分の力以上のものが出てきました。

結局、バイクで10人近く抜いて関門をクリア、望外の完走を果たすことができました。ランのゴールが近づいたときは涙がぼろぼろあふれてきたものです。あのとき沿道の声援に応えながら必死に頑張ったバイクを忘れず、その後の人生の糧《かて》とするべく、写真を大事にとってあります。

荒波越えて

次の大会、スイムが人工浜で行われる川崎港《かわさきこう》トライアスロンin東扇島《ひがしおおぎしま》（神奈川）でパーソナル・ベストを大きく更新する3時間05分台で完走。翌年は、波こそないもののまったく足がつかない大井川港《おおいがわこう》（静岡）をクリアしました。その後、木更津《きさらづ》でゴーグルトラブルに見舞われるなど、何度か薄氷を踏む思いをしましたが、遅いながらも完走を続けました。

残るはいよいよ、波の荒いオーシャンスイムの大会です。アクアスロン（スイム＋ランの２種目の大会）などにも出場しましたが、トライアスロンでは河津《かわづ》フラワートライアスロン（静岡）に２度出場しました。11月上旬の伊豆半島、河津の海岸には荒い波が打ち寄せます。波を越えられずにリタイアする選手も出るなか、もみくちゃにされたり、急に目の前に現れた選手にぶつけて突き指をしたり（あとで指が倍くらいに腫れて医者へ行きました）、いろいろありましたが、なんとか完泳してゴールすることができました。

52歳まで泳げず、スイムがプールの大会から少しずつステップアップしてやっとここまで来られました。これも大きな達成感を得られた大会でした。

最も長い残り500メートル

オリンピック・ディスタンスでオーシャンスイムまでこなし、15戦のキャリアを積んできたわたしは、満を持して次のステップ、ミドル・ディスタンスの大会に臨みました。５月下旬の長良川ミドルトライアスロンinアクアフィールド１０２（岐阜）です。スイム２キロ、バイク80キロ、ラン20キロの１０２キロで行われるミドルの大会ですが、制限時間は７時間半とわりと余裕があるのが魅力でした。

例によって冬季に下見をし、地元のコミュニティバスを使って前日受付へ行くスケジュールを組みました。桑名《くわな》に前泊し、万全の態勢で臨んだ初ミドルでしたが、結果は厳しいものでした。

当日の最高気温は35℃。５月下旬とは思えないほどの暑さです。真夏でも暑い気温ですが、暑熱耐性ができていないこの時季はことにつらいものがあります。バイクでは水をかぶりながら周回を重ねましたが、だんだんつらいレースになってきました。

ロングライドでは80キロはおろか１００キロ超えも経験していますが、たいてい途中でコンビニ休憩などを入れています。80キロをぶっ通しで走るのは初めてで、アップダウンがないフラットなコースでも、もともと不安があった腰にダメージが蓄積してきました。

それでもどうにかバイクを終え、得意のランにつなぎました。４キロを5周する20キロです。１周目はそれなりの調子だったのですが、日をさえぎるもののないコースはさらに暑く、２周目からは歩きが入ってしまいました。

地獄だったのは最後の5周目です。普通に歩いているだけで前へつんのめって倒れそうです。熱中症の症状はさほどでもなかったのですが、とにかく腰に余力がまったくなくて限界でした。

残り５００メートルの最後のエイドで、スタッフが見かねてペットボトルを渡そうとしてくれましたが、わたしは断りました。もうペットボトルを持って歩く体力すらなかったのです。帽子すら重く感じて脱ぎました。

会場に戻ってからは、設営されているパイプを伝って歩き、最後の直線では何度も止まって休みました。声援がなければどこかで倒れていたかもしれません。いままでで最も長いラストの500メートルでした。

結局、制限時間9分前のゴールと同時に倒れこみ、車椅子で休憩所に運ばれました。もうコミュニティバスはなく、知り合いがいない単独参加だったので、体力がいくらか回復してから最寄りのローカル線の駅まで6キロくらい自走と歩きで向かって、どうにか夜遅く自宅に戻りました。

身の丈に合ったゴール

こうして初ミドルはほろ苦い結果に終わりましたが、曲がりなりにもミドルまで完走できたのですから大きな達成感はありました。

ミドルの上はロングです。もう少し若いころから始めていたらロングへ駒を進める気になったかもしれませんが、無理は禁物です。それに、国内のロングの大会は現状では4つしかありません。皆生（鳥取）、佐渡《さど》（新潟）、五島《ごとう》（長崎）、宮古《みやこ》島《じま》（沖縄）の4大会です。

このうち、皆生には一度応募して落選しました。書類選考が厳しいことで定評がある大会ですから、この先当選するまで何年かかるかわかりません。もともと予定を立てられない選考待ちが嫌いなので、一度の応募だけであきらめました。

佐渡と五島はバイクコースにアップダウンがあり、制限時間に自信が持てません。宮古島もわたしには厳しい制限時間ですし、何より飛行機が大の苦手です。これまでに飛行機に乗ったときは隣の奥さんの手を握ってこらえていましたが、見ず知らずの隣席の人の手を握るわけにもいきません。それに、怖いばかりか気圧の関係で着陸後に調子が悪くなってしまいます。とてもトライアスロンどころではありません。海外のアイアンマンには、制限時間がわりとゆるめな大会もあるのですが、飛行機に乗らなければならないところはわたしにとっては論外です。

というわけで、ミドル完走を身の丈に合ったゴールとし、ロングは断念しました。よって経験談を語ることはできないのですが、どのようなステップアップと準備が必要か、書物などを紹介しながら道筋を示すことはできます。ゆくゆくはロングからアイアンマン、果ては世界選手権までという方も、最後の付録までお付き合いいただければ幸いです。

第3章 初心者向け大会ガイド50選

参加するレースが決まれば、にわかにモチベーションが上がり、練習や準備に気合が入るものです。

この章では、国内で開催されている多くの大会のなかから初心者向けの50の大会を選び、分類にしたがって紹介していきたいと思います。

それぞれのパートは、原則として北から南へ配列してあります。地図を参照すれば観光ガイドとしても楽しめることでしょう。

分類は次のとおりです。

Ⅰ　スイムがプールの大会

Ⅱ　一般・ジュニア混合の大会

Ⅲ　スプリント・ディスタンスの大会（スーパースプリント、変則ショートを含む）

1　オリンピック・ディスタンスがない単独大会

2　オリンピック・ディスタンスが併催される大会

Ⅳ　オリンピック・ディスタンスの大会

1　リレーが併催される大会

2　ミドルが併催される大会

3　オリンピック・ディスタンスのみの大会

それぞれのカテゴリーで補欠を設け、50選に入れられなかった大会にも触れていきます。わたしが出場した大会はかぎられています。それ以外の大会については、大会のホームページ等ばかりでなく、参加したトライアスリートのレポートを大いに参考にさせていただきました。

できるだけ多くの完走記に目を通したつもりです。役に立った記述があった場合は、巻末の参考文献に明記しました（ただし、原則としてトライアスロンがメインのブログ等にかぎらせていただきました）。

開催時期については過去の実績に基づいています。２０２０年は新型コロナウイルス感染拡大の影響のため大半の大会が中止、２０２１年も変異株による第五波のため連続中止の大会が目立ちました。今後、記載した内容から開催時期や競技内容が大幅に変わることがありますので、大会ホームページなどで必ずご確認ください（競技内容の変更により、違うカテゴリーになる場合もあることをお断りしておきます）。

また、コロナ禍による直近の大会開催の有無に関しては、末尾の＊以降に簡潔に記しました。「中止」と記載した大会には、翌年に「延期」という扱いも含まれることをお断りしておきます。

では、まずは「スイムがプールの大会」からです。

Ⅰ　スイムがプールの大会

①希望の森トライアスロンinやながわ
（9月上旬、スイム750メートル、バイク20キロ、ラン5キロ）

まずは福島県伊達《だて》市梁川町《やながわまち》で開催されるトライアスロン大会です。

距離はスプリントで、まずスイム７５０メートルは50メートルの長水路のプールでウェーブスタート（時間差スタート）で行われます。この梁川プールは阿武隈急行の車窓から見えるので気になっていました。

そもそも、前身の阿武隈川トライアスロンに一度出場したことがあります。長い歴史をたどりますと、１９８７年に福島県初のトライアスロン大会が開催されました。参加者はわずか18名だったそうです。

その後、すっかり地元に根づいた大会に育ちましたが、東日本大震災の余波で2年間、阿武隈川堤防が使えず、15キロ離れた梁川町で開催、それから福島市に開催地を戻して継続されたものの（わたしが出場したのはこのときです）、諸般の事情で再び梁川町に移ったという経緯です。

大会名が変わり、オリンピック・ディスタンスから半分の距離のスプリントに短縮されましたが、大会のスローガンは同じです。

「遅いあなたが主役です」

これは本書にも採用したいくらいで、遅い選手にもやさしい大会運営となっています。福島の大会らしく、ゴール後は桃やトマトなどのフルーツがふるまわれるのも嬉しいところです。

＊2020年、2021年は中止。

②ミニトライアスロン大会in会津大学
（9月下旬、スイム300メートル、バイク7・2キロ、ラン2・4キロ）


福島の大会が続きます。会津大学は後述のうつくしまトライアスロンinあいづの会場になっています。うつくしまトライアスロンはわたしが迷泳した猪苗代湖を泳ぎますが、こちらはプールで距離が短いですからビギナーでも安心です。

主催はその会津大学のトライアスロン部。キッズやビギナーが挑戦しやすい大会をというコンセプトのもとに、学内のみというコンパクトな開催ながら回を重ねています。距離はスーパースプリント。一般の部にはビギナーばかりでなく、調整の一環として出場する選手もいます。計測チップの使用がなく、バイクの周回部分を狭くしてスタッフがチェックするというスタイル。これなら周回ミスは避けられそうです。

＊２０２０年、２０２１年は中止。

③悠久《ゆうきゅう》　山《ざん》・東山《ひがしやま》わくわくトライアスロン
（10月上旬、スイム300メートル、バイク10キロ、ラン2・5キロなど）

新潟県長岡《ながおか》市のダイエープロビスフェニックスプールとその周辺道路で開催される大会で、キッズ部門も充実しています。

主催は長岡蒼柴《あおし》スポーツクラブ。「自分に合った形でだれもが参加できる場所」という理念のもとに、さまざまなスポーツ活動を行っています。その一環がトライアスロンで、本大会は日頃の練習の成果を発揮する年に一度の集大成という意味合いがありそうです。キッズから一般へ、徐々にステップアップしていけるのも、生涯スポーツとしてのトライアスロンの大会らしいところでしょう。

＊２０２０年は新潟県内の小学生限定で開催。２０２１年は一般と中学生部門を再開。ただし距離は短縮。

④たかはらやまトライアスロン
（8月上旬、スイム1・5キロ、バイク40キロ、ラン10キロなど）

半分のスプリントの部もあります。栃木県矢板市の運動公園の屋外プールが会場ですから、スイムの難易度は低いです。

しかし、寺山《てらやま》ダムのほうへ上っていくバイクはヒルクライムです。わたしのデビュー戦の大会ですが、だんだんギアを軽くしていってもう一枚もなくなってしまったときの絶望感はいまでも記憶に残っています。

ヒルクライムのバイクも、これまたアップダウンのあるランも2往復。しかもいちばん暑い時季ですからタフなレースになります。1往復で済むスプリントから始めたほうが無難かもしれません。

＊２０２０年は中止、２０２１年は開催予定なし。

⑤マロニエトライアスロン

（7月上旬、スイム750メートル、バイク20キロ弱、ラン5キロ）

栃木県真岡《もおか》市の井頭《いがしら》公園で行われるスプリントの大会で、キッズレースも併催されています。スイムは流水プールの流れを止めて行われます。途中で立つことも認められているので（歩行は不可）、スイムに自信のない人でも安心です。

同じ栃木の大会でも、たかはらやまと違ってバイクは比較的フラット。ただし、段差に注意すべき箇所があります。ランは非舗装路なども走る変化に富んだコースです。受付が早朝からなので、車による移動が必須です。

会場の設営からコースづくりまで、リピーターの多いボランティアが丹念につくりあげたアットホームな大会です。

＊２０２０年は中止、２０２１年は中学生以上で開催。

⑥前橋《まえばし》トライアスロンフェスタ

（10月上旬、スイム500メートル、バイク16キロ、ラン4キロなど）

群馬県前橋市の敷島《しきしま》公園で行われる大会で、一般の部の距離も短いですが、ビギナーの部はさらに短く、スイム300メートル、バイク7キロ、ラン2・3キロの距離で行われます。

そのほかにキッズレースやリレーや企業対抗リレーなども行われ、参加者は500人を超えます。フェスタの名にふさわしいイベントです。

「日本一やさしいトライアスロン」がコンセプト。スイムばかりでなくバイクのハードルも低く、シティサイクルの使用も認められています。さらに、希望者にはレンタル自転車も手配してくれるので、バイクを持っていなくても参加することができます。ただし、最後のランは県立公園の松林のなかを走るため、達成感も得られるよく考えられたコースレイアウトになっています。

前橋ではもう一つ、「前橋ミニトライアスロン」も行われているので、併せて紹介することにします。

群馬大学で行われるこちらのほうが歴史が長く、ビギナーばかりでなく、練習の一環として参加するベテラン選手もいます。スイムは100メートルまたは500メートル、バイクは16・5キロまたは30キロ、ランは5キロまたは10キロ。それぞれの組み合わせが自由選択制でクラス分けがなされるところが異色です。最長距離を選べばオリンピック・デイスタンスの大会の練習になりそうです。

＊2020年、2021年は中止。

⑦国営昭和記念公園トライアスロン
(6月下旬、スイム750メートル、バイク20キロ、ラン5キロ)

東京都立川《たちかわ》市・昭島《あきしま》市の国営昭和記念公園で行われる伝統ある大会で、レディーストライアスロンとアクアスロンも併催されます。安全な公園内のレースで、距離は手ごろなスプリント、この大会をデビュー戦の舞台に選ぶ人も少なくありません。

スイムは流れるプールの流れを止めて行われます。足がつきますから、スイムが苦手な人でも安心です。ウエットスーツの着用も認められています。バイクは若干のアップダウンがありますが、クロスバイクやマウンテンバイクでも参加できるようにハードルが下げられています。スイムスタートが男女別で、バトルに巻きこまれる気づかいがないため、女性の初心者にはことにやさしい大会になっています。

9月上旬には、同じ会場で「チームケンズカップ国営昭和記念公園トライアスロン 立川市民トライアスロン」が行われます。こちらもスプリントの大会で、初心者向けのセッティングになっています。併催されるリレーの部には50チーム以上が参加、チーム戦ならではの盛り上がりを見せます。

＊２０２０年、２０２１年は中止。

⑧大磯ロングビーチ・ファミリートライアスロン
（9月中旬、スイム400メートル、バイク9キロ、ラン3キロ）

神奈川県大磯町《おおいそまち》の大磯ロングビーチで行われる大会で、国営昭和記念公園と同じく、こちらも流れるプールの流れを止めてのスイムです。距離はさらに短く、初心者向けのスーパースプリントの大会です。さらにビギナー向けのトラボーイ、トラガール（トラはトライアスロンの略）の種目もあります。こちらはスイム２００メートル、バイク６キロ、ラン２キロという手軽さです。名称はボーイとガールですが年齢制限はなく、還暦に近い選手も参加しています。

ファミリートライアスロンの名のとおり、参加者が多いのはキッズの部。小学1年生から参加が可能です。観光も兼ねてファミリーで参加するにはうってつけの大会でしょう。

＊２０２０年は開催、２０２１年は中止。

⑨吹田《すいた》市市長杯トライアスロン
（6月下旬、スイム750メートル、バイク20キロ、ラン5・4キロ）

大阪府吹田市の北千里《きたせんり》公園で行われる大会で、アクアスロンが併催されます。

一般の部はほぼスプリントの距離ですが、ある意味では最も安全なトライアスロン大会かもしれません。プールのスイムに続くバイクが固定式ローラー台で行われるからです。これなら転倒の危険がありません。台数にかぎりはありますが、バイクの貸し出しも行われています。

しかし、20キロとはいえ目一杯漕いだらかなりの運動量になります。ランはスプリントより少し長い距離ですし、ミニトライアスロンながらも達成感は得られるでしょう。

＊2020年、2021年は中止。

⑩ビギナーズトライアスロンINグリーンピア
（9月上旬、スイム400メートル、バイク10キロ、ラン4キロ）

広島県呉《くれ》市のグリーンピアせとうちで行われる小規模なトライアスロンで、事務局は地元の老舗《しにせ》の自転車屋さんにあります。ビギナーズトライアスロンと銘打たれているとおり、いちばん下のクラスは園児から参加可能です。

広島市内からいくらか距離はありますが、会場のグリーンピアせとうちは宿泊施設でもあります。家族旅行を兼ねてのトライアスロン参加も楽しそうです。

名前はビギナーズトライアスロンですが、調整を兼ねて参加するベテラン選手もいるようです。

＊２０２０年、２０２１年は中止。

⑪佐賀《さが》トライアスロン

（7月下旬、スイム1キロ、バイク22キロ、ラン7キロ）

スイムがプールの大会の最後は、佐賀市東与賀町《ひがしよかちょう》で行われるトライアスロンです。佐賀市に編入された東与賀町は有明海に面していますが、この大会のスイムも安全なプールです。地元のトライアスロンクラブの主催で、２０１９年で36回を数える伝統ある大会です。

＊２０２０年、２０２１年は中止。

補欠とさせていただいたスイムがプールの大会を駆け足で紹介しましょう。

山形県の長井《ながい》トライアスロンはスイムが1キロですが、バイクはオリンピック・ディスタンスより長い50キロで行われます。

岩手県の八幡平《はちまんたい》トライアスロンは30人の規模で、コロナ禍の２０２０年と２０２１年にも開催されました。Aタイプはスプリントとほぼ同じ内容です。

福島県のかえるの郷《さと》トライアスロンinかわうちは第1回が台風のため中止。第２回はコロナ禍のため福島県民限定、第３回は福島県民に加えて東北地方在住者まで範囲を広げて開催されました。

群馬県の伊勢崎《いせさき》ミニトライアスロンは、伊勢崎市境《さかい》運動公園のプールがスイム会場です。練習会の規模ですが、コロナ禍の２０２０年と２０２１年にも開催されました。

東京都の八王子《はちおうじ》トライアスロンのバイクは２・６キロと短いですが、ヒルクライムなのが特徴です。

町田《まちだ》市トライアスロンのバイクコースにもアップダウンがあります。スイム会場のプールは本格的な長水路です。

福岡《ふくおか》トライアスロンフェスタ　ジャパントライアスロンＥＫＩＤＥＮイン福岡は、３種目を一人で行うソロストロングの部はあるものの、駅伝がメインの大会です。

Ⅱ　一般・ジュニア混合の大会

次は一般とジュニア混合で、スイムがプール以外の大会を紹介します。

この場合のジュニアは中学生以下です。ジュニアのみの大会も行われていますが、一般が対象の入門書につき除外させていただきました。

⑫さがえトライアスロンフェスティバル
（5月下旬、スイム1・5キロ、バイク40キロ、ラン10キロなど）

まずは山形県寒河江《さがえ》市の広大な都市公園「グリバーさがえ」で行われる大会です。スイム会場は全国で唯一の完全管理型の多目的水面広場です。水深は１・５〜１・８メートルで、水質も海水浴場レベルになっています。

フェスティバルの名にふさわしく、二日間にわたって、キッズ、ジュニア、スプリント、スタンダードからパラトライアスロンまで、トライアスロンの全競技が実施されています。山形は日本海沿いでもトライアスロンの大会がありますが、内陸部でも「日本初のトライアスロン場」を目指す会場でこの活気ある大会が催されています。

＊２０２０年、２０２１年は中止。

⑬チームケンズカップ紅葉チャレンジトライアスロン・デュアスロンフェスティバルin加須《かぞ》

（10月下旬、スイム1・5キロ、バイク約43キロ、ラン10キロなど）

デュアスロンが併催される珍しい大会です。トライアスロン、デュアスロンともに短い距離のタイプもありましたが、２０２１年からはミドルも併催、より選択肢が広がりました。

スイム会場は渡良《わたら》瀬《せ》遊水地《ゆうすいち》。４つの県にまたがる日本最大の遊水地で、大会の舞台は埼玉県の加須市です。広い遊水地ですから、風が吹くと波が立つこともあります。スイムに自信がなければ、まずデュアスロンから始めてみるという選択肢もあります。

最後のランのゴール前は長い下り坂で、フィニッシュ地点が見えますから達成感もひとしおです。

＊2020年はデュアスロンのみ、2021年はミドルを増やして開催。

⑭川崎港トライアスロンin東扇島
(10月、スイム1.5キロ、バイク40キロ、ラン10キロなど)

神奈川県川崎市の人工島、東扇島東公園で行われる大会で、川崎ジュニアトライアスロン大会が併催されます。エンジョイ・ディスタンスはスイムが400メートルと短いほかはスプリントと同じ距離です。

毎年出場しているメイン大会につき、いくらかくわしく記してみましょう。

まずスイムは人工浜で行われます。外海はうねりがあって水質も芳しくないですが、会場となる人工浜は穏やかでアオサも繁茂しています。オリンピック・ディスタンスでは3周するコースは狭く、わたしくらいのレベルでもバトルに巻きこまれたりしますが、海のスイムとしてはいたって初心者向けと言えるでしょう。

バイクは一部アスファルトの状態が悪いところもありますが、フラットな周回コースで、若干短いためタイムが出ます。

ランはほかのどの大会よりお気に入りのコースです。海辺のウッドデッキを走るところはかなりの確率で追い風になるため、実に気持ちよく走ることができます。ヘリポートや芝生など変化に富んだコースを４周回。最終ラップで芝生を上るとゴールが目に飛びこんでくるところも感動ものです。

参加賞やお弁当までセンスがいい大会。アクセスもいいので強くおすすめです。

＊２０２０年は短縮開催、２０２１年は中止。

⑮びわこトライアスロンin高島《たかしま》
(7月上旬、スイム750メートル、バイク20キロ、ラン5キロ)

滋賀県の高島市で催されています。

スイムは琵琶湖ですが、ジュニアは温水プールでのスイムになります。琵琶湖のスイムも足がつく水深なので初心者向きの大会です。

第１回大会は１９８９年（平成元年）、30回以上の歴史を重ねてきた伝統ある大会で、親から子へさらに孫へと三代にわたっての参加者もいます。琵琶湖はかつてアイアンマンも行われていたトライアスロンにはゆかりの深い場所、「日本の渚百選」にも選ばれた風光明媚な遠浅の浜がスイム会場というのもポイントが高い大会です。

＊２０２０年は中止、２０２１年は開催予定なし。

⑯ラブトライアスロン.inあわじ
（9月、スイム750メートル、バイク20キロ、ラン5キロ）

兵庫県の淡路《あわじ》島《しま》の国営明石海峡《あかしかいきょう》公園で行われる大会です。

ジュニアやキッズの部がある大会は多いですが、３歳の幼児から出場できるところはあまりほかにないのではないでしょうか（ただし、小学２年生まではスイムなし）。リレーやファミリーの部もあり、まさに老若男女が一緒になって楽しめる大会です。

スイム会場は公園内の人工池で、水深が浅くてどこも足がつくため初心者でも安心です。バイクもランも安全な園内で行われます。会場内のカレーなどのフードも人気で、家族で参加するにはもってこいの大会です。

＊２０２０年、２０２１年は中止。

続いて、補欠とさせていただいた一般・ジュニア混合の大会を駆け足で紹介します。

榛名《はるな》湖《こ》リゾート・トライアスロンin群馬はジュニアもスプリントも併催されていますが、バイクとランのコースはアップダウンが厳しいです。

横浜シーサイドトライアスロンはスイムの制限時間が100メートルあたり3分のペースと厳しいのが難点です。

京都丹波《きょうとたんば》トライアスロン大会in南丹《なんたん》のスイムコースは川。流れが強い年もあるため補欠に。

スイムのコースが海で荒れる危険性がある大会、みやぎ国際トライアスロン仙台《せんだい》ベイ七《しち》ヶ《が》浜《はま》、鳥取砂丘《とっとりさきゅう》トライアスロン、宮崎《みやざき》シーガイアトライアスロンも補欠とさせていただきました。

Ⅲ　スプリント・ディスタンスの大会
（スーパースプリント、変則ショートを含む）

次は、初心者が挑戦しやすいスプリント・ディスタンスの大会を紹介します。もっと短いスーパースプリント、逆にいくらか長めの変則ショートもこのカテゴリーに含めることにします。

1　オリンピック・ディスタンスがない単独大会

まずはオリンピック・ディスタンスの併催がなく、スプリント・ディスタンスのみで開催される大会です（リレーなどの併催はありません）。

⑰東京・江戸前トライアスロン
（9月下旬、スイム350メートル、バイク20キロ、ラン5キロ）

会場は羽田空港に近い大田区城南島《じょうなんじま》海浜公園、飛行機を見ながら大会も楽しむことができます。バイクとランはスプリントですが、スイムはさらに短くスーパースプリントの距離で行われます。江戸前の海で行われる唯一のトライアスロンですが、人工浜で外海ではないため波の影響はさほどありません。

スプリントの750メートルでは不安だという方も350メートルなら挑戦しやすいでしょう。海スイムデビューにはちょうどいい大会です。東京湾ということで水質を心配される方もいるでしょうが、意外に大丈夫だという評判です。

＊2020年、2021年は中止。

⑱しずまえトライアスロンin静岡
（5月下旬、スイム750メートル、バイク20キロ、ラン5キロ）

２０２０年に用宗《もちむね》しらすトライアスロンという名で第１回が行われる予定でしたが中止。２０２１年に名を改めてスタートした大会です。

水質の良さで定評がある用宗海岸がスイムの舞台です。水温は若干低いものの、慣れれば快適に泳ぐことができます。

バイクはほぼフラットで、果樹園のなかも走ります。栽培されている早生の桃は参加者全員に配布されます。

ランもおおむねフラットですが、階段などの起伏でほど良い刺激が入ります。２０２１年はスプリントだけでしたが、いずれオリンピック・ディスタンス、さらにはロングも視野に入っているようです。

絶好のロケーションでアクセスもいい新規大会。今後は人気大会として発展していくことでしょう。

⑲チームケンズカップトライアスロンin長良川
（9月下旬、スイム750メートル、バイク20キロ、ラン5キロ）

長良川の木曽《きそ》三川《さんせん》公園ではさまざまなトライアスロン大会が催されています。ミドルやオリンピック・ディスタンスもありますが、これは最も短いスプリントの大会で、リレーと個人の部が併催されています。

参加しやすい距離で初心者向けの大会ですが、長良川のスイムコースはあまり岸に近いところを泳がないようにしたほうがいいでしょう。岸に近いほうが安心感はありますが、コンクリートの壁に足をぶつけてケガをすることがあります。わたしが出場したミドルの大会でもそれでリタイアしている選手がいました。

バイクとランはフラットで走りやすいですが、晴天で気温が高いときは早めの水分補給が必須です。

＊2020年、2021年は中止。

⑳コスミックレディース&ビギナートライアスロンinせんなん里海《さとうみ》
（6月下旬、スイム750メートル、バイク20キロ、ラン5キロ）

大阪府の南部、岬町《みさきちょう》で行われるユニークな大会です。

大会名のとおり、参加者は女性とビギナーに限定されます。１００人規模の少人数ですからスイムでバトルに巻きこまれることもなく、安心して参加することができます。スイムは海ですが、１２５メートル泳ぐたびに砂浜に上がって休むことができます。また、浅瀬で足をつける深さだから心強いです。

バイクもランもフラットで走りやすいコースです。バイクはママチャリでも参加可能で、制限時間も設定されていません。初心者向けということにかけては、五本の指に入る大会かもしれません。

＊２０２０年、２０２１年は中止。

続いて、補欠とさせていただいた大会の紹介です。

沼津《ぬまづ》千本浜《せんぼんはま》トライアスロンは駅伝の部も盛大に行われる人気大会です。ただし、潮の流れが強くてスイムが短縮もしくは中止となることも過去にあったため、初心者向きの大会としては推しきれませんでした。

2 オリンピック・ディスタンスが併催される大会

続いて、オリンピック・ディスタンスとスプリント・ディスタンスが併催される大会です。

最もスタンダードな組み合わせですから数も多いです。北から順に紹介していきましょう。

㉑秋田トライアスロン芭蕉《ばしょう》レース象潟《きさかた》
(7月下旬、スイム750メートル、バイク32キロ、ラン5キロなど)

メインのオリンピック・ディスタンスのほかに、スプリントやリレーやジュニア大会などが併催される伝統の大会です。

ユニークなのはその名称で、スプリントの部は地の言葉で「ちょぺっと」と呼ばれています。ただし、バイクはほかのスプリントより長い32キロあり、いきなり激坂から始まりますから、「ちょぺっと」(ほんの少し)どころではない走りごたえがあります。

レース名に芭蕉が含まれているのは、松尾芭蕉が「奥の細道」で訪れた最北の地であることにちなむもので、水質に定評のある象潟海水浴場からスタートする風光明媚なコースが魅力です。スイム会場は遠浅で、コースロープも張られているので安心感があります。バイクコースにはテクニカルな部分もありますが、制限時間には充分な余裕がありますから、慎重に乗っても大丈夫です。ランはフラットで、声援の多い市街地も走ります。実に千人を超えるボランティアがサポートする東北でも有数の大会に「ちょぺっと」参加してみるのはいかがでしょうか。

＊２０２０年、２０２１年は中止。

㉒みなと酒田《さかた》トライアスロンおしんレース
（6月下旬、スイム400メートル、バイク14・5キロ、ラン3・4キロなど）

山形県の酒田市で行われる伝統ある大会です。

オリンピック・ディスタンスと併催されるスプリントの部はスーパースプリントに近い距離で、トータルの制限時間は3時間10分とゆったり取られています。スイムは海ですが、片道２００メートルの岸に近いコースで、折り返し時には上陸しますから難易度はさほど高くありません。

スプリントの部門は中学生、高校生、ビギナーの部の3つに分類され、それぞれ3位までが表彰対象となっています。ビギナーの部とはいえ、スタンダードの部がきつくなってきた高齢の「もとビギナー」も参加しています。

レース後は名物の玉こんにゃくとカレーに舌つづみ。のんびり楽しむには恰好の大会でしょう。

＊２０２０年、２０２１年は中止。

㉓遊水地ふれあいトライアスロン

（5月下旬、スイム750メートル、バイク20キロ、ラン5キロなど）


渡良瀬遊水地は栃木・群馬・埼玉・茨城の４県にまたがっていますが、この大会の舞台は群馬県の板倉町《いたくらまち》です。

スプリントとオリンピック・ディスタンスが併催される最もオーソドックスなパターンです。スタンダード（オリンピック・ディスタンス）の制限時間は４時間で、スプリントも４時間制限ですからほとんど無制限と変わらないゆるさです。スイムの制限時間は設定されていますが、７５０メートルを45分なので、これまたどんなにゆっくり泳いでもクリアできそうです。

ただし、水質は透明度に乏しく、ブイの位置確認などはあらかじめしておいたほうがいいでしょう。スイムさえ乗り切れば、バイクもランもフラットで走りやすい初心者向けのアットホームな大会です。

＊2020年、2021年は中止。

㉔館山《たてやま》わかしおトライアスロン

（6月下旬、スイム750メートル、バイク20キロ、ラン5キロなど）

千葉県の館山市で行われる大規模大会で、オリンピック・ディスタンスのほかにスプリント駅伝やアクアスロン（スイムとランの2種目）なども併催されています。

関東では多くのアクアスロン大会が催されていますが、水質の良さでは随一だというもっぱらの評判です。海スイムになりますが、遠浅のきれいな海なので安心感があるでしょう。サンゴの北限に近く、会場のすぐ近くでも見ることができます。

バイクとランは、普段は立ち入れない海上自衛隊の館山航空基地で行われます。バイクで減速ポイントはありますが、フラットで走りやすいコースです。

当日受付もありますから、日帰り参加も可能。バイクをそのまま積みこめる臨時列車も出ています。

梅雨時なので天候には左右されますが、晴天ならば最高のロケーションでトライアスロンを楽しめる大会です。

＊2020年、2021年は中止。

㉕木更津トライアスロン
（6月中旬、スイム750メートル、バイク20キロ、ラン5キロなど）

館山と同じ千葉県で、自衛隊の駐屯地を会場としていますが、こちらの眼目は広々とした滑走路を疾走できるバイクです。とにかく幅が充分にありますから爽快感が違います。

毎年参加している大会なので、各種目をくわしく説明しましょう。

スイムは港湾部で行われるため、波の心配はほぼありません。透明度はあまり芳しくはありませんが、レスキューも多く、安心して泳ぐことができます。ゴーグルトラブルに見舞われたときは危ないところを助けていただきました。

スイムコースから上がるところは、正式なコースから外れると貝殻で手や足を切る恐れがあります。ローカルルールで足を保護する用具の使用も認められています。

先にランを紹介しましょう。

ランもバイクと同じく滑走路ですが、折り返しのある周回コースで、率直に言ってさほど面白味はありません。日差しが強いと照り返しも強烈になりますから、厳しいレースになります。８月に開催されていたころは猛暑でバイクとランが短縮になったこともありました。

スイムとランに減点要素はありますが、それを補って余りあるのがバイクです。とにかくこの壮大な滑走路をかっ飛ばす快感を覚えたらリピーターになること請け合いです。ただし、風が強いとアゲインスト（向かい風）の洗礼を受けることもあります。

スプリントのカテゴリーで紹介しましたが、オリンピック・ディスタンスも制限時間が４時間半とたっぷりありますから初心者向けです。また、この制限時間ならかなり歳を取っても参加できそうです。

＊２０２０年、２０２１年は中止。

㉖NISSAN CUP神奈川トライアスロン
（6月上旬、スイム750メートル、バイク20キロ、ラン5キロなど）

神奈川県横須賀市の追浜《おつぱま》で行われるアクセスのいい大会です。30回を超える関東では老舗の大会で、参加者も700人を超えます。

木更津トライアスロンと同じく、ハイライトはバイクで、普段は立ち入れない日産自動車の工場のテストコースを周回します。アップダウンやカーブなども設定されているので、飽きずに周回を重ねることができます。ランもフラットな工場内で、公道はいっさい使用しないため安全です。

スイムは年によっては波の影響を受けることもあります。短縮や中止になったこともありますから、それなりの練習は必要でしょう。

2020年は中止でしたが、2021年は距離を短縮して無事開催されました。スーパースプリントの部も新設されたため、少しずつ距離を延ばしながらステップアップしていくことができます。

＊2020年は中止、2021年は距離短縮開催。

㉗レイクハマナ・トライアスロンin村櫛《むらくし》

(6月下旬、スイム750メートル、バイク20キロ、ラン5キロなど)

静岡県浜松《はままつ》市の村櫛地区で行われています。スイム会場は村櫛海水浴場で、風光明媚な浜名湖を舞台としています。

スイムは片道３２５メートルのコースで、足のつくところが大半です。ただし、あまり水深がないとかえって泳ぎづらい場合もあります。広い湖ですから波が立つ年もありますが、まずは初心者向きと言えるでしょう。

バイクは変化に富んだ片道５キロのコースを周回。最後のランはフラットで走りやすいコース設定になっています。

初心者向けではありますが、周回ごとに関門時間が設定されているため、注意が必要です。ことに、スプリントからオリンピック・ディスタンスにステップアップするときは要注意かもしれません。

＊２０２０年、２０２１年は中止。

㉘蒲郡《がまごおり》オレンジトライアスロン
（6月下旬、スイム750メートル、バイク20キロ、ラン5キロなど）

愛知県選手権を兼ねた伝統の大会です。スプリントのほかにスーパースプリントもありますから、この大会もオリンピック・ディスタンスまで徐々にステップアップしていくことができます。

出場経験はないものの、会場の下見をしたことがあります。蒲郡駅から会場まで近いのがメリットで、輪行で参加する方は帰りが楽で助かるはずです。スイムは港湾部で波の影響をほとんど受けません。バイクはカーブが多いものの、よく整備された一般道を走行することができます。ランは港湾沿いのコースなので景色も楽しめるでしょう。

トライアスロンアジアカップが併催されているのも大きなポイントです。自分のレースを終えたあと、エリート選手の奮戦ぶりを間近で観戦できるのですから、まさに一石二鳥の大会と言えるでしょう。

＊２０２０年、２０２１年は中止。

㉙大阪城《おおさかじょう》トライアスロン

(5月下旬、スイム750メートル、バイク18・69キロ、ラン5キロ)

スタンダードの部のバイクが37キロ強と短いのですが、ほぼオリンピック・ディスタンスと同じ距離なのでこのカテゴリーに加えます。

この大会の売り物は、何と言っても大阪城のお濠を泳ぐスイムです。国内でも指折りの観光名所ですから、「あのお濠を泳いだ」という一生の自慢になるかもしれません。

気になる水質は、見た目よりはいいというもっぱらの評判で、そう問題はないようです。淡水なので浮力がなく、スタンダードの1・5キロで45分は制限時間が厳しめですが、スプリントの750メートル30分なら問題ないでしょう。

バイクは短い周回コースに設定せざるをえず、第1回は雨もあって落車がずいぶん出てしまいましたが、その後は直線コースを延ばすなどの改善がなされています。ランコースともども、都市型トライアスロンならではの応援の多さを楽しむことができます。

ただし、人気大会で抽選なのがネックでしょうか。

＊2020年は10月に延期して開催、2021年は延期開催を断念して中止。

㉚赤穂《あこう》トライアスロン
(8月下旬、スイム1キロ、バイク30キロ、ラン5キロなど)

兵庫県赤穂市の赤穂海浜公園では、７月下旬にジャパンショートトライアスロン赤穂も開催されています。一見すると、赤穂トライアスロンがオリンピック・ディスタンスで、ジャパンショートトライアスロン赤穂がスプリントの大会のようですが、どちらも二部構成で、二部がオリンピック・ディスタンスになっています。ショートはスイムが５００メートル、バイクが20キロですから、たしかにそこだけは短いです。運営母体も同じにつき、ここでは代表して赤穂トライアスロンを採り上げます。

スイムは公園内の人工池で行われます。水質には目をつぶらざるをえないところもありますが、足がつく深さなのは初心者には安心です。バイクは園内の周回コース。フラットですが、路面の関係で小刻みな振動があります。急カーブも設定されているためＤＨバー（Ｐ１４６参照）は原則として不可となっています。ランは芝生も通る周回コースです。

暑い時季ですが、エイドには水とポカリしかないため、サプリなどの携帯は必須でしょう。コースはすべて公園内で、安全でアクセスもいい大会です。

＊２０２０年、２０２１年ともに通常開催。

コラム

日常のなかの非日常

赤穂トライアスロンには未参加ですが、会場はよく知っています。赤穂ウルトラマラソンの１００キロの部に参加し、早朝から夕方まで走ったことがあるからです。

スタートは早朝の４時。１周５キロのコースを淡々と20周します。５月の中旬ですがその日は夏日で暑さとの戦いでもありました。

その日のブログにはこう記されています。

「だれもいない明け方の公園で始まったレースは、楽しく遊んだ家族が家路につき、50キロの部のランナーもおおむねゴールし、残った１００キロのランナーだけがよたよたとゴールを目指す。ラスト１周はよく励ましていただいたスタッフ全員に礼を言い、やっとの思いでゴール。長くつらいレースだった」

早朝の非日常から始まったレースは、家族が普通に遊ぶ日常風景のなかを淡々と周回する。そして、また非日常へ還っていく。競技時間が長いウルトラマラソンならではの得がたい体験でした。

トライアスロンのロングも同じような体験を味わえるはずです。レースそれ自体が非日常な祝祭空間であるとも言えるでしょう。その体験は日常に戻ったあとに貴重な財産になるはずです。ステップアップできる方は、ぜひロングまで進んでいってください。

ただし、無理はせずマイペースで。

この項目の補欠は次の3大会です。

まず、千葉シティトライアスロンは、２０１９年は台風、２０２０年はコロナ禍で連続中止。２０２１年10月に三度目の正直で初めて開催され、大いに好評を博しました。第1回の開催が最も遅かったため、構成上、補欠の一番手という扱いになってしまいましたが、規模の大きな都市型大会で、ビギナーの部も併催、今後の発展が大いに期待されます。制限時間も厳しくないため、初心者向けの大会と言えるでしょう。

長崎西海《さいかい》トライアスロン祭は伝統の大会ですが、ライトの部のスイムが海で８５０メートルとスプリントより長く、バイクコースにもアップダウンがあるため補欠とさせていただきました。

もう一つ、美《ちゅ》ら島《しま》チャレンジとよさきトライアスロンは２０１９年に第1回が行われた大会です。海がきれいで那覇空港からのアクセスも良く好評を博しましたが、新型コロナウイルスではなく、開催地近隣の開発によってコースの一部や駐車場が利用できなくなってしまったために２０２０年大会は中止でした（２０２１年は開催予定なし）。復活すれば、「日本でいちばん早いトライアスロン」（3月下旬開催）としておすすめの大会になります。

Ⅳ　オリンピック・ディスタンスの大会

最もスタンダードで数が多いオリンピック・ディスタンスの大会に移りましょう。

1　リレーが併催される大会

まずはリレーが併催される大会です。

オリンピック・ディスタンスのみの大会より盛んで、北から南まで全国各地で開催されています。

㉛苫《とま》小《こ》牧《まい》ハスカップトライアスロンin勇《ゆう》払《ふつ》

（7月下旬、スイム1・5キロ、バイク40キロ、ラン10キロ）

北海道苫小牧市の南東に位置する勇払地区で行われるトライアスロンです。スイムは勇払マリーナ内のコースを3周回します。波の影響をほとんど受けないのは初心者向けですが、さすがに北海道で、7月下旬でも水温が低い場合もあります。

バイクはフラットで走りやすく、ランは一部オフロードもあって変化を楽しめるセッティングになっています。

北海道選手権を兼ねる伝統の大会で、開催回数は30回を超えます。北海道のなかではアクセスが良く、苫小牧の駅前には大きなホテルもあります。国内では北限のトライアスロンに挑戦してみてはいかがでしょうか。

＊２０２０年、２０２１年は中止。

㉜水郷《すいごう》潮来《いたこ》トライアスロン

（5月下旬、スイム1.5キロ、バイク40キロ、ラン10キロ）

茨城県潮来市で開催される、これまた伝統の大会です。日本トライアスロン連合（ＪＴＵ）の年間ポイントランキングの対象大会にもなっています。

スイムの会場は常陸《ひたち》利根《とね》川《がわ》です。潮来を舞台とした小説の取材のついでにコースの下見をしたことがあるのですが、流れはさほどなさそうです。

バイクはフラットな周回コースです。ただし、コーナーが多いので全速力で漕げる区域はかぎられています。１周目は様子を見て、どこで力を出し、どのカーブを注意するか、マネジメントしてから2周目に入るといいでしょう。

ランもフラットで走りやすく、景色もいいコースです。近くには茨城県トライアスロン発祥の碑もあります。

潮来の駅前には宿泊施設も多く、会場へのアクセスも至近です。エントリーフィーが高くないのも魅力の大会です。

＊２０２０年は10月に距離短縮で開催、２０２１年は9月に通常距離で開催。

㉝手賀沼《てがぬま》トライアスロン
（8月下旬、スイム1・5キロ、バイク40キロ、ラン10キロ）

エントリーフィーの安さにかけては、千葉県柏《かしわ》市の手賀沼で行われるこの大会は最強クラスです。なにしろ、ＪＴＵ登録者はオリンピック・ディスタンスで1万１０００円。2万円を超える大会も多いトライアスロンですから、実に嬉しい価格設定です。

スローガンは「よみがえれ手賀沼」。かつては水質ワーストの不名誉な記録を続けていた手賀沼ですが、関係者の努力が実り、トライアスロンが開催されるほどにまで回復してきました。

とはいえ、透明度が高いわけではないので、ある程度の覚悟はしてスイムに臨んだほうがいいかもしれません。制限時間は1時間で、わかりやすいレイアウトのコース設定になっています。

バイクの制限時間はスタートから2時間40分。ここの関門が2時間20分か30分か40分か、わたしのレベルだとそのあたりで安心感が変わってくるのですが、この関門設定なら安心です。

ランの制限時間はスタートから4時間10分です。この10分のおまけも安心感が違います。バイクとランはフラットですが、日光をさえぎるものがないため、暑さ対策は万全に。気温が高すぎてランが短縮になったこともあります。

エントリーフィーが安く、アクセスが良く、アットホームな雰囲気の人気大会です。

＊2020年、2021年は中止。

㉞のとじまトライアスロン

（7月中旬、スイム1・5キロ、バイク40キロ、ラン10キロ）

10年間開催された七尾《ななお》湾岸《わんがん》トライアスロンを継承する大会で、舞台は石川県七尾市の能登島です。

アクセスにはいくらか時間がかかりますが、スイム会場の七尾南湾の水質の良さには定評があります。また、内海ですから波が穏やかで、泳ぎやすいのも初心者にはありがたいところです。

一方、バイクにはかなりのアップダウンがあります。ただし、コースの難易度を考慮して関門時間が設定されています。スイムは1時間制限ですが、バイク終了までは3時間30分ありますから、難コースでも余裕を持って臨めるでしょう。アップダウンをこなす見返りとして美しい景色をながめることができます。

ラン終了までの制限時間は長めの4時間30分。ランのコースはフラットで、海越しに七尾港や七尾の市街をながめることができます。観光がてら出場するにはうってつけの大会でしょう。

＊2020年、2021年は中止。

㉟伊勢志摩《いせしま》・里海《さとうみ》トライアスロン
(7月上旬、スイム1・5キロ、バイク40キロ、ラン10キロ)

三重県の志摩市で行われる人気大会です。オリンピック・ディスタンスの大会の人気投票では常にベスト争いをしています。

人気の要因はいろいろありますが、まずはスイムです。会場の大矢《おおや》浜《はま》海水浴場は水質の良さで定評があります。また、真珠養殖発祥の地である英虞湾《あごわん》に面しており、テトラポッドの内側で波の影響を受けないのもポイントです。７５０メートルを2周で、1周終わると浜に上がって給水を受けることができます。制限時間は安心の1時間です。

地形がリアス式海岸ですから、バイクは起伏に富んでいます。アップダウンがあり、トンネルやカーブやUターンも含まれます。ただし、ユーチューブにコース紹介があって予習ができますし、制限時間はバイク終了まで3時間ありますから問題はないでしょう。暑い時季ですが、トンネルに入ると涼を得ることができます。

ランは３周回。１キロごとに給水所があり、シャワーに氷にと暑さ対策も万全です。浜《はま》島町《じまちょう》の市街地を通り、多くの声援を受けながら走れるのも魅力です。

＊２０２０年、２０２１年は中止。

㊱グリーンパークトライアスロンin加西《かさい》
（9月下旬、スイム1・5キロ、バイク40キロ、ラン10キロ）

兵庫県加西市で開催される全国でも珍しいロケーションの大会です。内陸部で開催されるトライアスロンはプールや川やダム湖などがスイムの舞台になりますが、この大会はため池です。と言っても、かなり大きいため池ですから、泳ぐのに支障はありません。波もうねりもなく、見た目よりも水質は良くて臭いもしないという評判です。制限時間も１時間と充分に余裕があります（レース終了までは４時間）。

バイクはフラットで田園風景をながめながら気持ちよく走らせることができます。ローカルな味わいが深い北条《ほうじょう》鉄道と並行するコースですから、鉄道ファンにはポイントが高いでしょう。

ランも走りやすいコースですが、天候によっては暑さとの戦いになることもあります。アクセスも良く、沿道の応援もあたたかい大会です。

＊２０２０年は中止、２０２１年はデュアスロン大会として開催。

㊲さくらおろち湖トライアスロン

(9月上旬、スイム1・5キロ、バイク40キロ、ラン10キロ)

2020年の第5回大会では短いスプリントの部が新設される予定でしたが、残念ながら中止になってしまいました。まだスプリントの開催実績がないため、このカテゴリーで紹介します。

島根県で初めてのトライアスロン大会の舞台は、内陸部の奥出雲町《おくいずもちょう》と雲南《うんなん》市にまたがるダム湖、さくらおろち湖です。ボートコースやサイクリングコースが常設され、さまざまなイベントが行われています。

そのハイライトとなるのがトライアスロン大会です。ダム湖は波もなくて泳ぎやすいですが、緑色でいささか視界は悪くなります。適度なアップダウンがある4周回のバイクコースは専用で路面状態もいいコンディションです。ランコースにも上りはありますが、総じて初心者でも走りやすいコースです。制限時間も余裕の4時間に設定されています。

舞台となる雲南市木次町《きすきちょう》へは列車の本数の少ない木次線で苦労して行ったことがありますが、高速道路と国道を使えば、ドライブがてらアクセスできそうです。

豊かな自然に触れ、美しい景観を楽しめるこのトライアスロンは、大会参加の選択肢の一つになるでしょう。

＊2020年、2021年は中止。

㊳大崎上島《おおさきかみじま》HAPPYトライアスロン
(6月中旬、スイム1・5キロ、バイク41・6キロ、ラン10キロ)

バイクコースがオリンピック・ディスタンスの40キロより少し長いですが、許容範囲と考えてここに含めます。そもそも、トライアスロンの距離計測はマラソンなどよりアバウトですから、40キロより1キロ以上長かったり短かったりすることはよくあります。

舞台は広島県大崎上島町。竹原港《たけはらこう》などからフェリーでおよそ30分の離島です。瀬戸内海を舞台とするトライアスロン大会は数多いですが、何と言っても内海で波が穏やかなのが初心者向きです。

メイン会場は大串《おおくし》海岸。西の天橋立《あまのはしだて》と呼ばれるほど美しい砂浜の景観を楽しむことができます。また、右呼吸の方なら、瀬戸内らしい遠くの島影を見ながら泳ぐことができるでしょう。

バイクコースにはほどよいアップダウンがあります。ピリッとした刺激があるコース設定です。

ランコースにはかつて激坂があったのですが、フラットなコースに変更され、初心者にもやさしい設定になりました。島を挙げての歓迎も楽しめる、まさにＨＡＰＰＹな大会です。

＊２０２０年、２０２１年は中止。

㊴伊予《いよ》市トライアスロンinふたみ

(8月上旬、スイム1.5キロ、バイク40キロ、ラン10キロ)

愛媛県伊予市の双海町《ふたみちょう》で行われているトライアスロン大会です。

会場はふたみシーサイド公園で、スタートとゴールが同じコンパクトなレイアウトになっています。伊予灘に面していますが、防波堤内で波の影響が少なく初心者でも大丈夫です。海のなかにある小島を３周するコースで、透明度の高いスイムが好評です。

バイクのトランジションまで約５００メートルあるため、ここはミニランになります。

バイクは川沿いに上って下るコースを６周します。アップダウンはありますが、わかりやすいレイアウトなので、２周目からは対処しやすいでしょう。

四国のトライアスロンはバイクが難コースの大会が目立ちます。室戸《むろと》ジオパークトライアスロン、愛南町《あいなんちょう》いやしの郷トライアスロン、ひわさうみがめトライアスロン、これらの大会はバイクが初心者向きとは言いがたいため除外させていただきました。それに比べれば、本大会のバイクコースはいたってマイルドです。

ランも多少の起伏はありますが、制限時間は４時間ありますから安心です。また、暑い時季のランになりますが、ホースによるかけ水など、対策は充分に講じられています。

町を挙げての歓迎も売り物の一つです。公式サイトの動画を観るだけでもそのあたたかさが伝わってくる大会です。

＊２０２０年、２０２１年は中止（２０２１年は翌年に延期扱い）。

㊵天草宝《あまくさたから》　島《じま》国際トライアスロン

（6月上旬、スイム1.5キロ、バイク40キロ、ラン10キロ）

日本のトライアスロン発祥の地としては皆生が有名ですが、本邦で初めてオリンピック・ディスタンスが行われたのは熊本県のこの大会でした。１９８５年が第１回ですから、歴史の重みのある大会です。通算の参加者は２万人を超えています。

皆生はロングで選考基準が厳しく、出場することはなかなか難しいですが、同じ本邦初の大会でもこちらはぐっとハードルが低くなっています。

スイムは海ですが、本渡《ほんど》海水浴場内で外海には出ません。オーシャンスイムとしては波の影響が少ないのは初心者向けです。いったん砂浜に上がる７５０メートルの２周回で制限時間は1時間ですから余裕はあります。

バイクとランのコースにはアップダウンがあります。バイクはいきなり上り坂になりますし、ランの途中にはかなりの勾配の坂も待ち受けています。しかし、制限時間は４時間ですから、歩きを効果的にまじえても完走はできるでしょう。

天草の誇りの大会ですから声援は多く、ゴール後も冷たいフルーツが食べ放題。ホスピタリティに優れた伝統の大会です。

＊２０２０年、２０２１年は中止。

㊶石垣島《いしがきじま》トライアスロン

(6月上旬、スイム1.5キロ、バイク40キロ、ラン10キロ)

さまざまな魅力のある大会ですが、まずはスイムです。会場の南《ぱい》ぬ浜《はま》ビーチは防波堤の内側の人工ビーチで、波の影響をあまり受けません。加えて、透明度が抜群で、ずっと海底が見えるほどです。運が良ければ魚と一緒に泳ぐこともできます。

バイクにはアップダウンがありますが、制限時間はバイク終了まで3時間15分と充分な余裕があります。サザンゲートブリッジなどの難所をこなすと、絶景を楽しむことができるのも大きなポイントです。

ランは市街地を走ります。沿道からの声援を力にしながら走れるのが嬉しいところです。ラン終了までの制限時間は４時間45分。２０１９年のリザルトを見ると、70歳代の完走者が10人以上もいます。もちろん、ベテランばかりでなく、初心者の参加にも適した大会でしょう。

＊ショートタイプが新設予定だった２０２０年は中止、２０２１年はスタンダードのみ４月に実施。過去の実績からリレーと併催のカテゴリーで紹介。

この項目で補欠とさせていただいたのは次の大会です。

びわ湖トライアスロンin近江八幡《おうみはちまん》は４時間制限の大会ですが、スイムの制限時間が50分なので補欠に。７５０メートルを２周回で50分ですが、１周目が25分以内という制限もあるため、スイムが苦手な選手にはプレッシャーになるかもしれません。

倉敷《くらしき》国際トライアスロンはバイクの難易度が高く、初出場の選手にはコース下見のバスに乗ることが強く推奨されているほどです。坂しかないような難コースですから、経験者向けと言えるでしょう。

トライアスロンさぎしまはバイクの距離が少し長いです。同じ瀬戸内でバイクが通常より長い大崎上島ＨＡＰＰＹトライアスロンに比べるとＤＮＦが多いため補欠とさせていただきました。

2 ミドルが併催される大会

ミドル・ディスタンスの大会自体が少ないですから、オリンピック・ディスタンスが併催される大会もかぎられてきます。

㊷九《く》十九里《じゅうくり》トライアスロン

（9月下旬、スイム1・5キロ、バイク40キロ、ラン10キロ）

千葉県の九十九里浜はサーフィンの人気スポットで、いい波が立つことで有名ですが、この大会のスイム会場は外海ではなく、河口に近いところにセッティングされています。波の影響を受けませんから初心者でも安心です。

２千人規模の日本でも有数の大規模大会で、スイムはウェーブスタートになります。後ろのウェーブのスイマーたちに追い抜かれても動揺せず、落ち着いて泳ぐことができれば、制限時間は１時間ありますから完泳は難しくありません。

長いトランジションをこなしてからのバイクは、状態のいい有料道路を使用します。おおむねフラットでタイムが出やすいコースですが、参加者が多いため追い越しなどのときには注意が必要です。

ランも総じてフラットで、ゴールに近づくにつれて応援も増えていきます。ラン終了までの制限時間は４時間半とたっぷりあります。自転車を解体せずに運べる専用列車など、大規模大会ならではのサービスも嬉しい初心者向けの大会です。

＊２０２０年は10月中旬に縮小開催、２０２１年はミドル・ディスタンスが復活、10月下旬に延期して開催。

㊸霞ケ浦《かすみがうら》トライアスロンフェスタ
（9月ごろ、スイム1・5キロ、バイク41・8キロ、ラン10キロなど）

茨城県土浦《つちうら》市では伝統あるかすみがうらマラソンが行われていますが、すぐ近くでトライアスロンの大会も開催されるようになりました。第３回では満を持して初ミドルも開催される予定でしたが、コロナ禍のために２０２１年に延期ということになりました（２０２２年に再延期）。よって、まだ開催実績はないのですが、数少ないミドルと併催される大会としてこのカテゴリーで紹介します。

　スタンダードの部のスイムの制限時間は１・５キロで50分。海ならこれだけで補欠に回すところですが、波の影響のない湖につき許容範囲としました。水質は今後の向上に期待ですが、泳ぎやすい環境です。ただし、スイムアップするところが苔で滑るので要注意です。

　土浦市からつくば市にかけては、全長１８０キロにも及ぶ「つくば霞ヶ浦りんりんロード」が整備されています。バイクのコースはフラットで、一般道からこのサイクリングロードに入ります。注意すべきカーブはありますが、総じて走りやすくスピードも出るコースです。

　ランも霞ヶ浦を見ながら走れるフラットなレイアウトです。選手同士のすれ違いもありますから楽しく走ることができるでしょう。

フェスタの名前どおり、さまざまなサービスのある大会です。ミドルが軌道に乗れば、日本でも有数の大会に育つことでしょう。

＊２０２０年、２０２１年は中止。

㊹サンライズイワタトライアスロンin竜洋《りゅうよう》
(スイム1キロ、バイク37キロ、ラン10キロなど)

静岡県磐田《いわた》市の竜洋町で行われる伝統の大会です。

Aタイプがミドルで、Bタイプがオリンピック・ディスタンスに近い距離構成になっています。

ミドルの距離構成は、スイムが2キロ、バイクが70キロ、ランが20キロ。ミドルとしては短めになっています。実は、わざわざ下見に行ったうえで初ミドルとしてエントリーしていたのですが、台風の接近のために中止になってしまいました。ミドルの制限時間は考え直すと自信がないため、いずれBタイプで再チャレンジしようかと思っています（そう思っていたところ大会終了の発表が……残念）。

スイムの会場は竜洋海洋公園内で、透明度には乏しいですが水質は悪くありません。売り物はバイクコース。状態のいいスズキのテストコースを周回します。心地いいアップダウンが走りやすい高速コースですから、足を休めるところがないくらいだという評判です。ランもフラットな走りやすいコースです。ゴール地点の海洋公園に入ると声援が増えますから、最後の元気が出ることでしょう。ちなみに、フィニッシュゲートにはカタカナで「フィニッシュ」と記されていてローカルな味わいがあります（この味のあるゲートをくぐりたかったのですが）。

＊２０２０年、２０２１年は中止。その後、大会終了が発表。

この項目で補欠とさせていただいたのは1大会のみで、アイアンマン70・3セントレア知《ち》多《た》半島《はんとう》ジャパンです。２０２０年大会ではオリンピック・ディスタンスも併催される予定でしたが、従来どおりミドルのみの開催となりました（２０２１年は中止）。

日本で唯一「アイアンマン」の称号を冠した大きな大会ですが、スイムが外海でバイクにもアップダウンがあります。参加費も割高ですから、初心者向けとは言いがたく、補欠とさせていただきました。今後、オリンピック・ディスタンスとの併催が軌道に乗ったら、

ＯＤでデビューしてアイアンマンのミドルへという流れができるかもしれません。

3　オリンピック・ディスタンスのみの大会

最後のカテゴリーは「オリンピック・ディスタンスのみの大会」ですが、大会の種目は毎年変動します。リレーやスプリント、あるいはジュニアの部などの競技部門が新設された場合はカテゴリーが変わりますが、２０１９年の開催実績をもとに、オリンピック・ディスタンスのみの大会を選ばせていただきました。

同じ大会でも、その年によって競技内容が変わることが多々あります。大会ホームページなどで必ず最新の情報を確認してください。

㊺うつくしまトライアスロンinあいづ

(8月下旬、スイム1.5キロ、バイク40キロ、ラン10キロ)

福島県の会津《あいづ》若松《わかまつ》市と猪苗代町《いなわしろまち》と磐梯町《ばんだいまち》で行われる人気大会です。ＪＴＵ主催・共催大会のエイジランキングの対象大会になっており、70歳代の完走者もほかの大会より目立ちます。

スイム会場は猪苗代湖。広大な湖ですから、風が強いと波が立ちます。もちゃもちゃした独特の波なので少々泳ぎづらいかもしれませんが、コースに使われるのは遠浅の部分で、左呼吸なら常にロープを頼りにして泳ぐことができます。

爽快なのはワンウェイのバイクパートです。途中から長い下り基調になりますから、大半の選手が自己ベストを更新できるはずです。

沿道の声援も励みになります。前にも記しましたが、バイクを制限時間ぎりぎりの最下位でスタートして必死に漕いだ約1時間半は、人生のなかでも忘れられない貴重な時間になりました。

ランは会津大学のキャンパスを発着する2周回。暑さとの戦いになりますが、おおむねフラットで走りやすいコースです。フィニッシュすれば地元のおいしいフルーツが待っています。

猪苗代湖と磐梯山と会津若松、絶好のロケーションのもとで行われる爽快な広域大会です。

＊２０２０年、２０２１年は中止。

㊻太平洋トライアスロンinいわき
(7月中旬、スイム1・5キロ、バイク40キロ、ラン10キロ)


福島県からもう一つ、いわき市で行われる大会を紹介します。

過去に6回開催されたあと、東日本大震災により中止を余儀なくされましたが、デュアスロンを経て２０１９年に待望の復活を果たしました。

スイム会場は小名《おな》浜港《はまこう》。港湾内で波の影響が少なく、泳ぎやすい環境です。

バイクは産業（港湾）道路の周回。本大会には未参加ですが、同じコースで行われるいわきサンシャインマラソンは何度も走りました。震災の前月と翌年に走ったときのことは強く印象に残っています。トライアスロンは仮装とは無縁ですが、着ぐるみでただ一度サブ4で走ったのは震災の前月のいわきでした。また、生々しい津波の爪痕が残る震災後の大会で、「走りに来てくれてありがとう」と沿道から声が飛んだときは、涙で視界がぼやけて困ったものです。

ランはことに声援の多いアクアマリンふくしまの周囲を走ります。観光スポットはほかにもありますから、家族旅行を兼ねて参加されるのもいいでしょう。

＊２０２０年、２０２１年は中止。

㊼大井川港トライアスロン
（7月中旬、スイム1・5キロ、バイク40キロ、ラン10キロ）

静岡県焼津《やいづ》市の大井川港で行われる大会で、過去に何度か出場しています。天気予報がどうあれ、当日は晴れて猛暑になる確率が高い大会です。朝のスタート時が38℃、ランでは39℃になったこともありました。

それでも意外に大丈夫だったのは、ホースでの冷たいかけ水や、給水所ならぬ給氷所など、万全の態勢がとられているためでしょう。港に沿って走るところで涼を得られるのも大きいかもしれません。

スイムはその港湾部を泳ぎます。ブイの代わりに三隻の船を回るのがユニークで、これなら見失う恐れはありません。波の影響もなく、ほかの大会よりいいタイムが出ます。

バイクはつなぎの港湾部こそ路面の悪いところがありますが、本コースのリバティに出ると完全にフラットで高速走行ができます。大井川の河川敷に設けられたリバティは、しまだ大井川マラソンのコースにもなっています。

トランジションはコンパクトで、ロスタイムはあまりありません。猛暑のランは水をかぶりながらの耐久レースです。ゴールすれば、大型ゴムプールの水と飲み放題の冷たいドリンクが待っています。

＊2020年は中止、2021年は静岡県在住者に限定して開催。

㊽木曽三川トライアスロン
(6月上旬、スイム1・5キロ、バイク40キロ、ラン10キロ)

スイムコースが長良川で、会場が木曽三川公園のアクアフィールドという大会は数多くあります。前の週にもミドルトライアスロンが行われますが、こちらはスタンダードなオリンピック・ディスタンスの大会です。

参加費は破格の1万円。オリンピック・ディスタンスの大会はたくさんありますが、おそらく最安値でしょう。

スイムは500メートルのコースを3周回。制限時間が50分といくらか厳しめですが、スタート前ばかりでなく、スイム競技中でもスキップを申告することができます。スイムが不調でバイクとランだけでもこの参加費なら充分です。

長良川のコースは大会によって使用部分が微妙に違います。ただし、注意点は同じです。

繰り返しになりますが、護岸の壁に足をぶつけるとケガをする危険があります。しっかりロープが張られていますから、そちらのほうを泳ぐようにしてください。

バイクとランはいずれもフラット。天候によっては暑さ（あるいは雨）との戦いになりますが、シーズンの開幕戦としてもおすすめの大会です。アクアスロンも併催されています。

同じ会場ではより規模の大きい長良川国際トライアスロンも行われますが、こちらもスイムの制限時間が50分。参加費も含めてより気軽に参加できる木曽三川トライアスロンのほうを初心者向けの大会として採り上げることにしました。

＊２０２０年、２０２１年は中止。

㊾サンポート高松《たかまつ》トライアスロン

（7月上旬、スイム1.5キロ、バイク40キロ、ラン10キロ）

こちらもスイムの制限時間が50分です。しかも、天候によっては波とうねりがある場合があり、補欠にするかどうか最後まで迷いました。

バイクとランの制限時間は充分にあります。香川県高松市内を走る都市型トライアスロンで、とにかくタイムが出ることが魅力です。コースによって微妙に距離が違い、難易度にも差があるトライアスロンでは、マラソンほど自己ベストが重視されませんが、ＰＢを出したのがこの大会だという選手は多いことでしょう。

異名は「まちなか」トライアスロン。スイムさえ乗り切ってしまえば、まちなかを疾走し、多くの声援を得ることができるバイクとランが待っています。トライアスロンの大会は場所によっては宿泊施設の確保に苦労することもありますが、この大会は高松の駅前ですからいたって楽です。

日本一高速な、まちなかトライアスロン。やはり初心者向け大会の一つとして採り上げておくべきでしょう。

＊２０２０年、２０２１年は中止。

㊿トライアスロン中島《なかじま》

(8月下旬、スイム1・5キロ、バイク40キロ、ラン10キロ)

当初は、最後の一枠だけ海外にして、ハワイで行われるホノルル・トライアスロンを入れるつもりでした。同じハワイのコナで行われる世界選手権と違って、こちらは制限時間がありません。

しかし、いかに制限時間がないとはいえ、ハワイまでの遠征費用がかかります。それなら国内大会に絞り、島つながりで愛媛県松山《まつやま》市の離島で行われるトライアスロン大会にトリをつとめていただくことにしました。

２０２０年はリレー部門が行われる予定でしたが、コロナ禍で２０２１年に延期になったためこのカテゴリーでの紹介となりました。

忽那《くつな》諸島で最大の中島で行われるトライアスロン大会が始まったのは１９８６年のこと、国内でも有数の伝統ある大会です。島を挙げての歓迎ぶりで、宿もすべて斡旋《あっせん》してくれるので安心です。

４時間制限で、水質のいいスイムから始まります。バイクとランには若干のアップダウンがありますが、おおむね平坦基調です。バイクコースは道幅があり、路面の状態もいいから走りやすいでしょう。

離島のトライアスロンにはリピーターが多いですが、ただ一つ欠点を挙げるとすれば、人気大会で抽選になってしまうことでしょうか。

＊２０２０年、２０２１年は中止。

迷った末に補欠としたのは、新潟県で行われる村上・笹川流れ国際トライアスロン。制限時間は4時間、スイムも1時間と申し分がないのですが、日本海が荒れて難易度が上がる場合があるため、補欠とさせていただきました。

以上、駆け足で紹介してきましたが、新たな情報はその後も続々と入っています。出場してみたい大会があれば、ホームページなどで最新の情報をよく確認していただきたいと思います。

付録1 スタートラインに立つまでに

目標のレースが決まったら、いよいよ準備です。

トライアスロンは3種目をこなしますから、競技に必要なグッズがおのずと増えます。種目ごとに順を追って紹介していくつもりですが、グッズをそろえる前に、まずもって必要なことがあります。

それは、家族の理解です。

このところはキッズレースが増えていますし、家族でトライアスロンを楽しんでいる方は問題ないのですが、そうでない方は家族の理解が不可欠です。

マラソンなどのほかの競技も家族の支えが必要ですが、ことにトライアスロンにはリスクがつきまといます。スイムやバイクの事故の例は、残念ながら毎年のように報告されています。

ある大会では、家族の同意書の提出が求められました。文面を平たくまとめると、「レース中に死なれても文句は言いません」ということです。スイム中の事故で亡くなった選手の遺族から訴訟が起きたこともありますし、大会の運営母体が自衛策を講じるのもうなずけるところです。

それを読んだ奥さんから「文句言うよ」と顔をしかめられましたが、まあそのあたりをなだめて参加への理解を得ています。大会へ出させてもらっているわけですから、料理などの家事を分担し、リターンをするようにと心がけているつもりです。

トライアスロンはそれなりにお金がかかりますし、遠征が入ると長く家を空けることにもなります。感謝の意味をこめて家族サービスにもつとめましょう。

I　グッズ篇

では、グッズ篇に入ります。

なかには「そんなことは知っているよ」という項目もあるでしょうが、必要な部分だけを選択して参考にしていただければ幸いです。

3種目で使えるトライウェア

まず必要なのは、3種目を通じて使用するトライウェアです。水に強い素材のパッドがついていますから、このウェアの上からウエットスーツを着用し、スイム終了後に脱げばすぐ2種目めのバイクに移ることができます。ランでも違和感はありません。

トライウェアの形態は2つに大別されます。まずワンピースタイプで、トライスーツとも呼ばれています。上下がつながっている形態で、抵抗が少ないのが大きな利点です。ただし、着脱に手間取るという欠点もあります。ことにトイレが面倒で、レース中に立ち寄るとタイムロスになってしまいます。わたしも初めのトライウェアはこのタイプでしたが、ほぼ全裸にならないと用を足せないのには閉口しました。

その点、セパレートタイプならロスを最小限にとどめることができます。上下に分かれていますから抵抗は大きくなりますし、締め付け感がいくらか増しますが、そのあたりは一長一短です。

もう一つ、留意しておきたいのはファスナーの位置です。前開きと後ろ開きに大別されますが、前開きのウェアを禁止している大会もあります。ファスナーを下げて胸をはだけていると美観を損ねるというのが主たる理由で、ファスナーを下げなければ着用OKという大会もあります。そのあたりはまちまちですが、着脱は少々面倒でも後ろ開きにしておけば無難でしょう。

購入は通販などでも容易にできますが、トライアスロンの専門店などでサンプルを試着してみたうえで買うという方法もあります。

また、どこかのチームに入ってウェアを購入するという道もおすすめです。トライアスロンのチームというとハードな練習ばかりしていてハードルが高そうですが、もっとゆるいチームもたくさんあります。

わたしが入っているチーム、トライアスロン・トリップは、基本的にはそれぞれがウェアを購入し、各地の大会で着用して出場するだけといういたってゆるいチームです。同じウェアを見つけたら、レース中に「トリップ、ファイト!」などとエールの交換をしたりします。いままで知らなかった仲間と励まし合いながらレースを進めると元気をもらえるものです。

もう一つ、ウェアは持っていませんがフェイスブックのグループ、「初めてのトライアスロン部」にも入っています。このチームのウェアは大きくHTと記されていますからとても目立ちます。

ほかにも、練習会や地域、各種のショップや会社、多種多様なチームのカラフルなウェアが乱舞するのがトライアスロンの大会です。その一つに身を包めば、俄然テンションが上がってくるはずです。

必須アイテムのウエットスーツ

トライアスロンのスイム競技では、ウエットスーツの着用がおおむね義務づけられます。ことに、スイムがオープンウォーターで行われる一般的な大会では、安全のためにウエットスーツを着用しなければ出場できないところが大半です。スイムがプールの場合は足がつきますから、着用が許可もしくは推奨にとどまります。上級の大会になると、水温が一定以上になるとウエットスーツが着用不可になったり、着用すると表彰対象から外れたりするのですが、まずはウエットスーツは必須アイテムと考えてください。

サーフィンやダイビングでもウエットスーツを使用しますが、ダイビング用は生地が厚く、サーフィン用は足腰を動かしやすいなど、それぞれの競技特性に合わせたつくりになっています。

スイム競技で使うトライアスロン用は、首から肩にかけて動かしやすい仕様になっています。もし間違ってサーフィン用のウエットスーツでトライアスロンに臨んだら、思うように上半身を動かせずに苦労することになりますから、必ずトライアスロン用を購入してください。

また、大会によってはレンタル用のウエットスーツを用意しているところもあります。初めはお試しにレンタルで臨み、のちに自前のものを購入するという方法もありますが、大会前にウエットスーツを着用して練習しておくのがベストですから、初めから購入するほうをおすすめしておきたいと思います。

ウエットスーツにはさまざまなものがありますが、まず違いとして挙げられるのは厚さです。体を動かしやすいように薄い生地のものを用いる上級者もいますが、一般的なのは胴体部分は5ミリ、腕とひざ下が3ミリというタイプです。

ウエットスーツに関しては、いろいろと失敗談があります。

1着目はセミオーダーメイドのウエットスーツでした。専門店で採寸してもらうオーダーメイドではなく、自宅で事細かに採寸したデータを送付して作成してもらう方式です。

生地の厚さも部位によって選ぶことができました。

厚いほうが浮くから安心だと考えたわたしは、胴体ばかりか足まで5ミリでつくってしまいました。これでは足が浮きすぎてまったくキックを打てません。

もう一つ、着脱しやすいようにと、前開きのマジックテープ方式にしたのですが、うまく着ないと泳いでいる最中に開いてきてしまいます。不器用なわたしには不向きで、試泳で開いて大幅に浸水し、冷や汗をかいたことがありました。

これに懲りて、2着目はスタンダードな後ろジッパーのウエットスーツを購入しました。予算があまりなかったため安い海外通販で既製品を買ったのですが、サイズがきつくて着脱に苦労しました。スイムからバイクへのトランジションでなかなかウエットスーツが脱げず、大幅にロスしてしまったこともあります。そこで、現在の3着目はワンサイズ上げてみました。いくらか背中から浸水はしますが、やっとベストに近いものになりました。

ウエットスーツのタイプの話に戻しましょう。

次の違いは、フルスーツとロングジョンです。

フルスーツは手首まですっぽりと覆うタイプで、ロングジョンはノースリーブです。フルスーツのほうが浮力はまさりますが、袖なしのロングジョンは肩を回しやすいという利点があり、そのあたりも一長一短です。

また、防寒という観点では、もちろんフルスーツのほうが上です。水温が低いときはフルスーツ、高くなればロングジョンというふうに2種類を使い分けているトライアスリートもいます。

どちらを好むかは体質にもよります。身長170センチ、体重56キロという細身のわたしは大の寒がりで平熱が低く、氷雨が降りしきる極寒のマラソンで倒れて収容車で運ばれたことがあります。低体温症が何より怖いため、水温が高くても常にフルスーツです。

もう一つは、トライウェアと同じですが、ワンピースかセパレート形式のツーピースかという違いがあります。ツーピースのほうが着脱が容易で、おなかの部分に予備のゴーグルを周到にひそませたりすることもできます。次はこちらのタイプにしようかと考えています。

ワセリンの悪夢

ウエットスーツ本体から、それに関係するグッズの紹介に移ります。

まず、スイムで首回りがこすれるのを防ぐワセリンが必須です。スムーズな着脱のために、手首やひざから下、足首やくるぶしなどに塗っておくことも有効です。首回りのこすれ防止のためには、テーピングを施す方法もあります。

ワセリンを塗るときは、使い捨ての薄いゴム手袋を使用し、指に付着しないようにすることが重要です。値段は少し割高になりますが、指に付着しないロールオンタイプのワセリンもあります。

ワセリンに関しては大失敗がありました。

木更津トライアスロンのスイムの前に、うっかりワセリンを塗ったのと同じ指でゴーグルのレンズに触れてしまったのです。これはくもります。新調したレンズでしたが、ワセリンが付着したらひとたまりもありません。

前述のとおり目が片方しか見えず、しかもレンズがくもってしまったのですから、このときのスイムは悲惨でした。みなさんはくれぐれも同じ失敗をしないようにしてください。

ワセリンのほかに、専用のスプレーをウエットスーツの内部に噴射して着脱を楽にする方法もあります。水をあらかじめ少し入れておいてから着る人もいますが、わたしは寒がりなので試したことはありません。水温が低いときは避けたほうが無難でしょう。また、コンビニなどのレジ袋を巧みにかぶせて着脱するという裏技もあります。このあたりはユーチューブで検索すれば動画を参考にすることができます。

ウエットスーツのケア

続いて、ウエットスーツのケアに関するグッズです。

海で使用したウエットスーツは専用のシャンプーとリンスで洗います。風呂の残り湯を使い、いつも二日かけて洗浄しています。

ウエットスーツは専用のハンガーにかけます。幅広《はばひろ》の専用ハンガーではなく、普通のハンガーを使うと型崩れしてしまうので要注意です。

ウエットスーツを使用しているうちにさまざまな傷ができてきます。わが家には猫が4匹いて、爪とぎをされてしまいました。そんなときは、手軽に傷を補修できる修理キットを使います。あまりにも傷が大きいときは、専門の修理店に出すという方法もあります。

ていねいに使っていけば、ウエットスーツはそれなりに長持ちするものです。ただし、ゴム製品は劣化しますから、浮力に問題があるなと感じたら早めに買い替えることも肝要です。

ウエットスーツの仲間たち

次に、ウエットスーツの仲間を見ていきましょう。

まずスピードスーツです。

袖つきで抵抗の少ないつるつるした素材でつくられたスーツで、3競技を通して用いることができます。ただし、基本的にはミドル以上で（使用可能なオリンピック・ディスタンスの大会もあります）、世界選手権などの上級クラスの大会で使用されます。わたしのレベルでは関係がないアイテムですが、紹介だけしておきました。

続いて、ラッシュガードです。

オーシャンスイムの大会を運営する団体はいろいろありますが、なかにはウエットスーツを着用すると着順の対象外となるところもあります。もっとシビアな大会では着用禁止です。また、ある一定の水温以上になったらウエットスーツ着用者は表彰の対象外とする団体もあります。そのほかに、初めからウエットスーツ着用の有無で部門を分けているところや、すべて着用可能とする大会もあります。

ウエットスーツを着用しないときはもちろん水着で泳ぎますが、オーシャンスイムの場合、海水温が高くなるとクラゲやチンクイ（エビやカニの幼虫）に刺される危険性が出てきます。そこで、肌の露出を少なくしたラッシュガードの出番です。浮力も多少はありますから、普通の水着より効果的です。

ウエットスーツと同じ素材を使ったボヤンシーショーツなどの水着もあります。オーシャンスイムの大会では使用不可のところが多いですが、とにかく下半身が浮きますから、姿勢を正しくして泳ぐ練習用には最適です。

必要不可欠なゴーグル

ゴーグルも必須アイテムです。

顔に合っていて浸水しないゴーグルがまず第一の条件です。数社のゴーグルを試してみましたが、なかには浸水して使えなかったものもありました。

わたしの場合は度付きゴーグルでなければ前方確認ができないため、おのずと使える商品がかぎられてきます。ゴーグルは指でこするたびにレンズの表面が少しずつ摩耗して劣化していきますが、逆にこするたびにくもり止め効果が復活する製品も開発されています。ゴーグル専用のくもり止めはある程度の効果がありますが、機を見て早めに買い替えたほうがいいでしょう。

日差しがある日とない日、天候によって周到に使い分けているトライアスリートもいます。ゴーグルは消耗品で、ゴムが切れるなどのアクシデントも発生しますから、予備のものを持参したほうがいいでしょう。阿武隈川トライアスロンのスタート直前でゴムが切れたときは焦りましたが、強引に結び直したらどうにか使えました。

ゴーグルでは、さらに致命的な失敗がありました。

片方しか見えないので、レンズが劣化してきたら片側だけ交換するようにしていました。

いったん鼻ベルトを外せば交換は容易です。

しかし、本人はちゃんと装着したつもりだったのですが、完成品のゴーグルよりは強度が弱かったようです。

悲劇はまたしても木更津トライアスロンで起こりました。

入水して試泳を行っていたとき、ゴーグルがくもってきたので、指で強くこすりました。

そのとき、あろうことか、レンズが物の見事にぱかっと外れてしまったのです。

これはまずい。

まだスタートまで時間があったので、ヘッドアップクロールで岸まで戻り、外れたレンズをあわてて装着し直しました。しかし、なにぶん焦っていたのできちんと嵌まっていなかったようです。再びスタート地点に向かいましたが、またレンズがくもってきました。恐る恐る指でくもりをぬぐってみたところ、無情にも、レンズはまたしてもぱかっと外れてしまいました。

万事休す。

そう覚悟しました。デビュー以来、曲がりなりにも続けてきた完走記録は風前の灯です。

そのとき、レスキューボードが視界に入りました。

そうだ、ライフガードにゴーグルを直してもらおう！

最後の案が天啓のようにひらめきました。

またヘッドアップで近づき、レスキューボードに乗ったとき、スタートのホーン（笛）が響きました。スイムが不調でレスキューボードに乗った人はたくさんいるでしょうが、スタートと同時に乗った人はきわめて珍しいかもしれません。

その後はゴーグルに触らないように慎重に泳ぎました。途中でまたくもってきて、第1ブイはほとんど見えませんでしたが、ゴーグルの無事が何よりです。結局、46分もかけてどうにかスイムを終え、完走につなげました。

これに懲りて、その後は勝負レースでは必ずゴーグルを新調し、大会で使用するのは3

回までにしています。

寒かったメッシュキャップ

次はスイムキャップです。

これには2つの種類があり、大会から指定されたキャップを使用する場合が大半です。通気性のいいメッシュキャップと、ぴったり密着するゴム製のシリコンキャップの2種類で、それぞれに長所と短所があります。

スイムキャップでも失敗がありました。うつくしまトライアスロンinあいづで支給されたのはメッシュキャップでした。水温は23℃で格別に低くはなかったのですが、寒がりのわたしには向いていませんでした。これに懲りて、大会支給のものがメッシュキャップだった場合に備えて必ずシリコンキャップを持参するようになりました。

頭にぴったりしたシリコンのほうがメッシュより保温性は優れています。水温がもっと低いときは、シリコンキャップを二枚重ねにして、一枚は耳まで覆ってしまうという方法もあります。

シリコンキャップの欠点は髪が引っ張られて痛んだり、圧迫感があったりすることです。

なかにはゴム製品が合わない方もいるでしょう。その場合は、逆にメッシュキャップを下にかぶり、支給されたシリコンキャップを重ねるといいでしょう。

頭のサイズに合ったキャップを使用することも大事です。ここでも失敗がありました。ある大会で支給されたキャップはメッシュタイプでした。そこで、防寒のために下にシリコンキャップをかぶったのですが、これが少し大きすぎたのです。

レース中のバトルで手が当たり、危うく大会のキャップが脱げるところでした。マーシャルが気づいて直してくれたので事なきを得ましたが、その後は頭にぴったり合ったキャップを選ぶようにしています。

耳栓の4つの効用

スイム用の耳栓を装着することにはさまざまな効用があります。

まずは耳の穴に水が浸入するのを防いでくれること。あまり気にしない人もいるでしょうが、わたしは気になるので、耳の穴に合ったタイプの耳栓を必ず装着するようにしています。

水が耳の穴に浸入すると冷たさを感じます。耳栓には保温の効果もあります。

耳栓の最大の効用は、波酔いを防いでくれることでしょう。水が浸入して三半規管に冷たい刺激が伝わると波酔いしやすくなってしまいます。これを防ぐには耳栓が最適です。練習会を含めて荒れた海で泳いだ経験は何度もありますが、耳栓のおかげでこれまで波酔いとは無縁です。

耳栓の最後の効用は、集中力を高め、平常心を保ってくれることです。耳栓をしても会場のアナウンスなどは問題なく聞こえますから、安心して装着してみてください。

時計はどこから装着するか

時計はもちろん必需品です。

定評あるメーカーのガーミンやスントなどの多機能時計を装着してレースに臨む選手が大半でしょうが、3種目のうちどこから装着するかは人によります。わたしはスイムで時計を装着するのに抵抗があるため、おおむねバイクから使用しています。時計の分だけ重くなるし、スイムで人にぶつかったときにケガをさせてしまうのではないかという不安もあります。

そもそも、防水仕様の多機能時計は価格がかなり割高になります。泳いだコースをはじめとするスイムのデータをとれれば、どのように迷泳したかあとで検討できるので重宝だとは思うのですが。

もともとたくさん機能があっても使いこなせないほうで、時計もシンプルな仕様のもののほうが好みです。距離や速度などを表示できる時計も持っていますが、マラソンではラップタイムしか測れないものを使っているほどです。周回コース（ことにトラック）の距離表示にはいくらか誤差が生じるので、多機能時計にはあまり信を置かず、体感を重視するようにしています。

ゼッケンベルトは２種目で

隠れた必需品はゼッケンベルトです。

２つ用意して前後に着ける場合もありますが、１つだけでバイク競技では背中に、ランでは前に回して使用するのが一般的です。ランで前に回すのを忘れてマーシャルから注意されるのはお約束のようなものです。

ゼッケンベルトを使用すれば、トライウェアに安全ピンを刺す必要がありません。小さな補給食を携帯できるタイプのものもあります。もし忘れても、大会の物販スペースで販売されている確率が高いです。

むろん、トライアスロンばかりでなく、普通のマラソン大会などでも使用することができます。ゼッケンベルトを装着しているランナーを見かけると、「おっ、トライアスロンもやってるな」という仲間感がそこはかとなく漂います。

サングラスとゴーグルなど

わたしは視力に合っているものを使うのが必要条件につき、日常でも使っている普通のメガネでレースに臨んでいますが、バイクとランはサングラスやゴーグルを装着する人も多いでしょう。ことに夏のレースでは、厳しい日差しを緩和することでいくらかはパフォーマンスが向上します。

同様に、少しタイムロスになりますが、トランジションで日焼け止めを塗っておく選手もいます。日焼けは存外に力を殺《そ》ぐので、急がば回れです。また、クラゲ除けを兼ねた日焼け止めをスイムの前からあらかじめ塗っておく方法もあります。わたしはこの方法を採用しています。

バイク本体の選択

2種目めのバイクに移ります。

まずはバイク本体です。わたしの一台目はさすがに安すぎてすぐ調子が悪くなってしまいましたが、10万円くらいからちゃんとした機能を持つアルミのロードバイクが手に入ります。軽いカーボン素材だとそれよりは高くなりますが、以前よりはずっと手ごろな価格で入手することができるようになりました。ほかに、フレームが水平なスタイルが美しいクロモリ（クロムモリブデン鋼）やチタンのバイクにもそれぞれの魅力があります。

どのバイクを選ぶか悩みどころですが、メーカーのサイトやカタログなどで情報を収集したうえで、専門ショップで試乗してみて決めるのがベストでしょう。各所で開発されているバイクフィッティングシステムなどで測定してもらい、いちばん合ったサイズのバイクを選択することも重要です。

手ごろな価格のロードバイクに慣れたら、グレードアップした二台目に買い替えたり、新たにトライアスロンバイクを購入したりする選択肢が生まれてきます。街乗りにも使えるロードバイクと違って、専用のトライアスロンバイクは両刃《もろは》の剣のようなもので、空気抵抗が少なくスピードが出せて体力を温存できる代わりに、操作の難易度が増します。いきなりトライアスロンバイクから入るのは、安全性の観点からあまりおすすめはできません。

どうせ買い替えるのなら、初めから高級なバイクを購入したほうがいいという考え方もあるでしょうが、一台目も決して無駄にはなりません。近所のお使いなどの普段使いに転用すれば、幸福な第二の「車生」を送らせることができるのです。わたしの一台目の通称「木綿ちゃん」にはスタンドを取り付け、折にふれて出かけています（現在は第三の車生で、全世界に愛好者がいる室内バイク・トレーニングアプリZwift（ズイフト）の専用機になっています）。

長時間にわたって駐車しなければならない場合などは、必ず普段使いのバイクを選択します。高価なバイクには盗難のリスクがつきまとうからです。施錠をしても、なかにはサドルなどのパーツだけを盗んでいく不届き者もいます。いささか語弊はありますが、長時間駐車しなければならない場合は、盗られてもいいバイクを使うようにしています。

ホイール交換の楽しみ

ロードバイクにはパーツをグレードアップしていく楽しみがあります。まずはホイールてきます。

です。完成車に付属していた重いホイールから替えてみるだけで、走りがずいぶんと違ってきます。

アルミホイールばかりでなく、高価なカーボンホイールに替えるという選択肢もあります。直進走行性に秀でたディープリムホイールやディスクホイールなど、高性能のホイールは枚挙にいとまがありません。

ただし、これまた両刃の剣で、直線コースでは格段にスピードが増しますが、横風に弱く、アップダウンとカーブの多いコースには不向きだという欠点もあります。テクニカルなコースの大会では、DHバー（ダウンヒルバー。別名エアロバー。前に体重をかけて空気抵抗を減らすことができる）やトライアスロンバイクの使用を禁止しているところもあります。予算が許せば、コースに合わせてバイクやホイールを使い分けるのが理想かもしれません。

うつくしまトライアスロンinあいづのバイクコースはワンウェイで、途中は快適な下りが続きます。あるベテラン・トライアスリートはそれを見越して重いホイールで臨んでいました。同じワンウェイでも、いきいき富山トライアスロンのバイクコースは立山方面へ向かうヒルクライムです。したがって、できるだけ軽いホイールを選択したほうが有利になります。そのように、コース特性に合わせて手持ちのカードを切れるようになればベストでしょう。

向いていなかったDHバー

続いて、DHバーの取り付けです。

バーに上体を預けることで空気抵抗が減り、速く走ることができるようになる……はずだったのですが、実はわたしはここで挫折しました。

なにぶん臆病なたちで、ブレーキから手を放してDHバーに身を預けるのが恐ろしくてなかなかできません。片手ずつパッドに乗せてなんとか両手を放せたとしても、背筋に冷や汗が伝うくらいで低速でしか進めないのです。スピードアップのために取り付けたDHバーですが、かえって遅くなっているのですから話になりません。

仮に慣れてほんの少し速くなったとしても、ブレーキングが遅れますから、常に落ち着かない気分でバイクを進めなければなりません。これでは楽しくないので、3つのタイプのバーをすべて試したうえで断念しました。

オリンピック・ディスタンスの40キロなら、目一杯漕いでもなんとかなりますが、ミドル以上になると残りのランの距離が長いですから、足を残すように心がけなければなりません。そのためには、「漕がずに回す」ことが肝要だと言われます。長い距離を目指すのであれば、ランの足を温存するためにも、ＤＨポジションに慣れることが重要でしょう。ＤＨバーでもう一つ注意しておきたいのは練習場所です。ブレーキングが遅れますから、交通量の少ない河川敷などの安全な場所で行うのが鉄則です。

こんなことがありました。大型トラックがひっきりなしに通る国道1号線を慎重に走行していたところ、後ろからＤＨポジションのトライアスロンバイクが猛スピードで抜いていって肝をつぶしました。本人も危険ですが、ライダー全体のイメージにも関わりますから、無謀な練習は慎むべきです。

自動車が通行しない河川敷でも、野球場など子供が近くにいるところでは減速を心がけてください。子供は往々にして予期せぬ動きをします。目の前にいきなり飛び出されて、あわててブレーキをかけたことがありました。もう一つ、お年寄りの自転車も予期せぬ方向転換をすることがあります。抜くときは必ず右から声をかけて抜くようにしてください。

話をパーツのグレードアップに戻しますと、ＤＨバーのほかにもスプロケット（軸とチェーンの回転を伝達する歯車）やチェーンなど、さまざまなパーツが対象になってきます。

そのあたりはショップと相談して、自動車の車検のようにメンテをして交換するようにするのがベストでしょう。一度、工具を買って自力でスプロケットを交換したものの、どうもまっすぐ入っていなかったらしくしばらく不調が続いたことがあります。自信のない方は、やはりプロを頼るのが無難でしょう。

逆向きのヘルメット

硬質タイプのヘルメットも必須アイテムです。

ヘルメットがなければ参加できない大会が大半ですが、意外に忘れることもあるようです。会場の物販スペースで販売していることが多いので、うっかり忘れてもあきらめないでください。

空気抵抗が少ないエアロヘルメットもありますが、まずは通常タイプで充分です。エアロヘルメットで街乗りだといささか目立つかもしれません。

ヘルメットでも大失敗がありました。

うつくしまトライアスロンinあいづでヘルメットチェックを受けていたとき、マーシャルからこう言われました。

「あれっ、これ前後ろが逆じゃないですか？」

ちょうど後ろにいたエアロヘルメットのお兄さんが、いくらかあきれたように冷たく駄目を押しました。

「逆ですね」

そうです。わたしはヘルメットの前後を逆にかぶっていたのです。

赤いダイヤル状のパーツを回し、後頭部をしっかり留めるタイプのヘルメットでした。いつもここを締めるたびに額に刺激が入っていい感じだなと思っていたのですが、とんだ勘違いでした。なんともお恥ずかしいかぎりです。

周回チェックにはサイクルコンピュータ

距離・時間・速度などを表示してくれるサイクルコンピュータ、略称サイコンも必須です。

バイクが周回コースで行われる大会では、回数を間違えないことが最重要です。記憶するようにしていても、周回を重ねているうちに何周目かわからなくなってしまうことがあります。多く回りすぎたら笑い話で済みますが、足りなければＤＮＱ（失格）になってしまいます。

サイコンで距離を測定していれば、こういうミスは避けることができます。むろん、平均速度などのほかの要素もレースマネジメントの参考になります。

夏のボトルは使い分け

ボトルケージの取り付けも必須です。

トライアスロンの大会は夏場が多いですから、ボトルは2つあったほうがいいでしょう。1つにはスポーツドリンクか経口補水液を入れます。わたしはいつも経口補水液に味がついた水溶性のサプリを入れ、氷を詰めておきます。

もう1つのボトルには氷入りの水を用意します。もちろん飲んでもいいですが、主たる目的は頭や体にかけることです。後頭部や首筋などに水をかけると、生き返ったような心地になります。スポーツドリンクをかけるとべたべたしますから、ただの水がいちばんです。

注意点を一つ。ボトルケージにペットボトルを直接入れるのはやめましょう。必ず注意されている選手がいますが、何かの衝撃でペットボトルが落下すると、後続する選手が踏んで転倒する恐れがあります。ボトルケージに入れるのは、専用ボトルにかぎってください。ただし、ペットボトル専用のケージを装着している場合は許可される大会もあります。

保冷性に優れたものなど、さまざまなタイプがありますが、ケアしていないと水あかが発生します。過去に水あかが浮いたドリンクを飲んで調子が悪くなってしまったことがありました。

長い距離に挑戦する方は、調節可能なストローで労せずして水分の補給ができる、バイクの前部に取り付けるタイプのボトルが重宝でしょう。

2種類のペダル

普通の自転車と同じフラットペダル（略称フラペ）と、バイクシューズとペダルを固定するビンディングペダルに大別されます。

フラペでも驚異的に速い人はいますが、力が逃げないビンディングペダルのほうがやはり効率に秀でています。スキー板のようにしっかりとシューズを固定しますから、引き足も効果的に使うことができます。

シューズの底にクリート（留め具）を装着し、ペダルに固定します。かかとを外側へねじると意外に楽に外れますから、こつを覚えれば大丈夫です。わたしは倒れてもケガをしない公園の土の上で練習しました。

ペダルとクリートにはさまざまなタイプがあり、最もメジャーなシマノをはじめとして多くのメーカーが参入しています。わたしは三点で留めるＬＯＯＫのクリートを使っています。

クリートには専用のカバーが必要です。ゴム製のカバーを装着すると、ちょっとコンビニなどに立ち寄ったときも店内を楽に歩くことができます。カバーなしだと滑って転倒する危険がつきまといますし、音も響くので迷惑にもなります。

クリートカバーでも失敗談があります。トランジションが長めの大会で、バイクを押しながら走るときに少しでもタイムを短縮しようと、あらかじめカバーを装着しておくことにしました。いざ乗るときにカバーを外し、ポーチに入れてからバイクに臨むという青写真だったのです。

しかし、バイクに乗ってもクリートがどうしても嵌まってくれません。それもそのはず、肝心のカバーを外すことを忘れてしまっていたのです。大会ではともすると平常心が失われがちですから、そんな単純なミスを犯してしまいました。

結局、かえってタイムロスになってしまいました。それに懲りて、次の大会からはカバーを装着せずにバイクを押しています。

右へ行かない、左注意

少し横道に入りますが、ビンディングシューズにつきまとう「立ちゴケ」の危険について記しておきます。

ビンディングシューズを履いた左足は、信号などで止まるたびにかかとを外側にひねってクリートを外し、いったん地面につきます。舗石やガードレールなどに乗せて休む人もいますが、しっかり地面についたほうが安全です。

一方の右足は、ペダルに固定されたままです。ここで体重が右にかかりすぎると、クリートを外すのが間に合わずに転倒してしまいます。これが立ちゴケで、大半の人が多かれ少なかれ経験していることでしょう。

これを防ぐには、右側に体重をかけすぎないことが肝要です。逆に、足をつく左側にもトラップが潜んでいることがあります。

着地点に気づきにくい傾斜があり、左足をついた拍子に滑りかけて冷や汗をかいたことがありました。それ以来、「右へ行かない、左注意」と呪文のように唱えながら止まるようにしています。

右側へ体重がかかりすぎないようにするには、逆側の左脇を締め、左ひじを絞るようにすれば万全です。ロードバイクに乗りはじめたころは、その要領がわからず危ない目に遭いました。

右から大型トレーラーが抜いてきたので、これ以上右へ行かないように注意したのですが、逆に右のほうへ少しずつ引き寄せられてしまったのです。

右へ行くまいとするあまり、体の右側を緊張させてしまったのが失敗でした。ずいぶん長いトレーラーだったので、いまでも思い出すと冷や汗が出ます。

前から来た逆走自転車を避けようとしたときも、右のほうへ曲がってぶつかりそうになりました。凝視しているもののほうへ引き寄せられていく視覚吸引作用というものがありますから、注意を要します。

段差と踏切のトラップ

ロードバイクにとっての最大のトラップは段差でしょう。見かけより高低差があった場合、あるいは段差に沿うかたちで突っこんでしまった場合、転倒につながって危険です。

踏切も要注意です。ロングライドの帰り、小さな踏切で転倒し、ほうぼうをすりむいてずいぶん出血したことがあります。いきなり転倒したときは何が起きたのかと思いましたが、その踏切の線路は斜めになっており、バイクの細いタイヤが取られてしまったのでした。それ以来、同じところを通るときはだいぶ手前から押して歩いています。

路面電車も要注意です。ライダーが多い江ノ電の車道との共用区間などでは転倒事故がしばしば起きているようです。

グローブの効用

踏切で転倒したとき、手もつきましたが、幸い大事には至りませんでした。これはひとえにバイクグローブを装着していたからです。滑り止めばかりでなく、グローブには転倒時に衝撃をやわらげてくれるという効用もあります。

指先をカットしているタイプと、すべてを覆うタイプがあります。どちらを使うかで季節の移ろいを感じることもできるでしょう。

バイクを一緒に戦うために

次はバッグです。

レース中にパンクした場合、選手が自力で直すのがルールですから、替えのチューブや工具などを入れておくバッグは不可欠です。

風圧に影響しないサドルの後方に取り付けるタイプはスマートなシルエットで、わたしもかつては使っていましたが、いまはトップチューブに取り付けるタイプのバッグを使用しています。

スマホを入れてサイコン代わりに使う人が多いタイプですが、わたしは代わりに写真を入れています。

たった9か月で死んでしまった愛猫は自転車のサドルに上るのが好きでした。その写真をトップチューブに入れて、折にふれて声をかけながら、いつも一緒に戦っています。

トップチューブにバッグを装着するとバイクのシルエットがいささか損なわれるのは難点ですが、家族の写真などを入れて声をかけながら漕ぐと、妙に力が生まれてきたりするものです。

バッグの中身

続いて、バッグに何を入れるかです。

タイヤの種類については後述しますが、クリンチャータイヤ（タイヤとインナーチューブが完全に独立した構造で、普通の自転車もこのタイプ）を使用している場合はスペアチューブの携帯が不可欠です。

あとは、パンクを直すためのツールです。

パンクの直し方はいろいろありますが、パンク修理剤が効いてくれれば、これがいちばん速効です。仏式バルブに差し込んで注入するだけですから、多少は減速しても完走につながります。バッグにも楽に入る大きさです。

修理剤がうまくいかなかった場合は、パンクした箇所にパッチを貼って応急処置をするキットなどもありますが、制限時間に余裕があるのならチューブを交換するのが間違いのない方法です。タイヤのビード（ホイールと結合される部分。タイヤを固定させる役目を果たす）を外し、再び装着するときに用いるタイヤレバー（梃子《てこ》の原理でタイヤを外すときに用いる道具）は2〜3枚必要です。

空気の注入は携帯用ポンプで行うこともできますが、それだとかなり時間がかかってしまいます。

そこで、CO_2ボンベの出番です。これは一瞬で空気が入るので便利です。小型でバッグに楽に入るし、規定の容量と個数をクリアしていれば飛行機への持ち込みなども問題ありません。

六角スパナ（アーレンキー）やプラス・マイナスドライバーなどがたくさん付いた折り畳み式の工具セットも入れておきましょう。バイクの車体ばかりでなく、ビンディングシューズのクリートがゆるんでしまうなど、不測の事態が起きてもすぐ直すことができます。

タイヤの種類

タイヤまで携行する人もいるでしょうが、交換が必要なほど大きなパンクに遭遇したらあきらめもつくので、わたしは持って行かないことにしています。

タイヤの種類は、まず構造に着目すると、クリンチャー、チューブラー（タイヤとチューブが一体となったもの）、チューブレス（チューブを必要としないもの）の3つになります。このうち一般的なのはクリンチャーで、チューブラーとチューブレスは対応するホイールが割高になりますから上級者向けと言えるでしょう。それぞれに一長一短があり、メーカーによっても微妙に違いますから、ショップやネットで情報を収集してから一つ上のステップへ進んでください。

タイヤの幅は23C（タイヤ幅23ミリ）が普通でしたが、このところはより幅広な25Cのほうが増えてきました。ホイールのワイドリム化に伴い、太いタイヤを装着することができるようになったのです。まずはバイクのホイールに適合するタイヤを選ぶことが絶対条件です。

タイヤの特徴を見極めて選ぶことも重要です。転がり重視か、パンクに強い安全性重視か。あるいは中庸のバランス型を選ぶか。メーカーを含めて選択肢は無数にあります。ちなみに、わたしは安全第一ですから、転がりはある程度犠牲にしてパンク耐性が最も高い種類を装着しています。

トライバッグ

バイクを運ぶ輪行袋に移ろうかと思ったのですが、一つ大きなものを忘れていました。バイク以外のすべてのグッズを運ぶ大型のトライバッグです。トライアスロン専用バッグですが、トランジションにそのまま置ける大会はまれで、おおむね荷物の移動用に使います。

ウエットスーツなどの濡れたものを入れても水漏れがしない収納場所や、ヘルメット専用の収納場所など、それぞれに工夫を凝らしたトライバッグが出ています。車を運転できないわたしはいつも輪行と自走で会場入りするため、トライバッグを背負って安心して走れるかどうか、あらかじめベルトの具合をたしかめてから遠征に出るようにしています。

輪行袋の使い方は動画で

輪行袋の種類は豊富ですが、大別すると、前輪のみを外すタイプと前後輪をどちらも外すタイプがあります。前輪のみのほうがはるかに楽ですが、どうしてもかさばってしまうのが難点です。後輪の外し方にはいくらかこつがいるので、初めのうちは苦労するかもしれませんが、慣れれば大丈夫です。

輪行袋のタイプによって、ユーチューブなどに使い方の動画がアップされています。付属するグッズや、バイクを保護するためのグッズなどを含めて事細かに教えてくれますので、参考にしながら試してみてください。輪行に関しては、専門の参考書なども出ています。

輪行箱と輪行バッグ

宿泊先へバイクを輸送するときは、もっぱら輪行箱を用います。購入する方法と、レンタルで済ませる方法があります。箱のサイズによって、バイクをどの程度まで分解するかが違ってきます。輸送中にバイクを傷めないようにする方法も含め、これまた多くの参考になる動画がアップされています。

かつては厚いウレタンでガードする輪行バッグも輸送用として使えていたのですが、自立するハードタイプでなければ不可というふうに規定が変わってしまいました。しかし、このタイプの輪行バッグは飛行機や船などの輪行では重宝するようです。

わたしは輸送用としてだいぶ前に厚手の輪行バッグを購入したのですが、すっかり当てが外れてしまいました。飛行機嫌いで鉄道好きなので、今後も出番はないかもしれません。

ランニングシューズはサイズを上げる

ここからようやくラングッズです。

とはいえ、スイムとバイクに比べると、使うものはいたって少なくなります。

まずはランニングシューズです。

ショップで足の測定をしたり、試し履きをしたりして、足のサイズに合ったシューズを選ぶことが肝要です。測定した足型に基づいたオリジナルシューズを作成するサービスもあります。予算が許せば、そういう選択肢もあるでしょう。また、素足で履くことを想定した、水に強いトライアスロンに特化したシューズも各種出ています。

一足目のシューズでは失敗しました。普段履いている靴と同じサイズのシューズを選んだところ、足の指の爪が黒くなってしまったばかりか、ランニングの途中で痛くなって帰るのに難儀をしたものです。

それからは、1〜2サイズ上げて選ぶようにしています。走っているうちに足は膨張してだんだんむくんできますから、ことにウルトラマラソン用はサイズを上げるようにしています。

シューズの役割分担

幅広で甲高《こうだか》、おまけに左右のバランスが微妙に悪いため、その後も合うシューズを選ぶのに苦労してきました。

試し履きをしたときはいい感じだったから購入したものの、いざ走ってみると違和感が出てくるシューズもあります。あるいは、距離が延びるとだんだん不具合が出てくることもしばしばありました。タイム狙いのフルマラソンの大会で使うエースシューズを見つけるまでは、試行錯誤の連続です。

やっと見つけたと思っても廃番になってしまったり、2が出たので継続して買ったら実質は違うシューズになってしまっていたり、長く走ると足の小指や甲に痛みが出たり、失敗例には事欠きません。

たとえレース用としては使えなくても、街を気楽に流して走るタウンジョグ（街走り）用あるいは普段履きとして第二の靴生《かせい》を送らせることができます。自己ベストを出したシューズは処分するに忍びなく、ジョグ用を経てトレーニングルームのトレッドミル専用シューズとして使っていました。バイクのローラー台をランニングシューズで漕いでバランス感覚を養う練習方法があるので、そちらの専用に回したシューズもあります。

レース用のシューズも距離によって使い分けます。トライアスロンのオリンピック・ディスタンスのランは10キロですから、比較的スピードタイプのシューズを選んでおけば間違いがありません。トライアスロンとフルマラソンとウルトラマラソン、さらに言えばトレイルランニング、それぞれにエースシューズは変わってきます。

主要メーカーはすべて使ってきた経験の一端を示すと、アシックスのターサージールワイドはわたしの足に合っていますが、ハーフまでしかもちません。ただし、より耐久性のあるターサージールＴＳワイドならフルも走れます。そのあたりは実際にレースで試してみて、後半に轟沈《ごうちん》したりして痛い目にも遭ってみないとなかなかわからないところがあります。

結ばない靴ひもと揺れないポーチ

シューズ以外のグッズに移りましょう。

まず、シューズに付随するものですが、シューズの穴に通す結ばない靴ひもが挙げられます。結ぶ手間が要りませんからトランジションのタイムを短縮できますし、レースの途中でほどけるリスクも回避できます。

トライウェアにポケットなどがない場合は、揺れにくいタイプのウエストポーチに栄養補給のジェルなどを入れて走ると重宝です。ランの途中で思わぬ痛みが出たりするアクシデントが発生することもあるので、わたしはお守りを兼ねて速効性の鎮痛剤を必ず入れるようにしています。

転ばぬ先のサポーター

小さいものも含めると、ひざに始まってふくらはぎや腰やアキレス腱や足首など、さまざまな箇所の故障を経験してきました。ランは同じ動きの繰り返しですから、距離が延びるにつれて衝撃が蓄積されて故障のリスクが増えてきます。

それを未然に防ぐには、転ばぬ先のサポーターの着用が有効です。もっとも、オリンピック・ディスタンス以下ではトランジションでのロスタイムがもったいないので、使用するのはミドル以上の距離からでしょうか。長良川ミドルトライアスロンに腰ベルトを持参しなかったのはいまでも悔やまれます。ミドル以上では「急がば回れ」も大事な考え方かもしれません。

II 準備篇

目標レースの設定

ここからは、大会当日までの準備篇です。

まずは目標レースの設定です。的確な情報を得て、初めてのトライアスロン大会を決めると、モチベーションが上がって練習にも身が入るものです。

知人から誘われたり、開催地が近くて以前から知っていたりする場合もありますが、役に立つのはレースガイドです。ウェブ情報もさまざまなものがありますが、紙媒体なら唯一の専門誌「トライアスロン・ルミナ」４月号の付録のレースガイドが重宝です。国内（一部は海外も）の約２００大会が収録されていますので目移りがしてくるほどです。いずれこの大会に出てみたい、とレースガイドに付箋を貼ったりするのは春先の楽しみの一つです。

途中関門に注意

なかには制限時間なしなどというやさしい大会もありますが、一般的な大会にはそれぞれの制限時間が設定されています。まずはそれをチェックして、余裕を持って完走できそうな大会を目標レースにすることが肝要です。

まだオリンピック・ディスタンスに自信がなければ、スプリントにハードルを下げればいいでしょう。先述しましたが、わたしも初戦はスプリントの大会にすべきでした。

オリンピック・ディスタンスの制限時間で最も一般的なのは４時間です。エリート大会を除けば、ほかにゆったりした４時間半、逆にやや厳しめの３時間半の大会などがあります。フルマラソンなら６時間制限が多く、７時間や５時間の大会もあるようなものです。

注意すべきなのはそれぞれのパートの制限時間と途中関門です。同じ４時間制限の大会でも、スイムの制限時間が違えば難易度も変わってきます。

スイムが苦手な方は、ここをよくチェックしてください。オープンウォーターの場合は気象条件によって難易度が大きく変わってきます。べた凪の場合は１・５キロ40分くらいで泳げるコースでも、波とうねりの荒れたコンディションなら45分かかってしまいます。

たとえば、スイムが４００メートルと短い大会があります。いかにも初心者向けのようですが、制限時間は12分です。100メートルあたり3分ですから、1・5キロなら45分のペースです。海が荒れたらハードルが高くなります。

2回出場した河津フラワートライアスロンはスイムの波が高く、参加選手はみな苦労していました。わたしも45分を切れませんでしたが、それでも後ろにかなりの選手がいました。コンディションが悪くなることも想定して、余裕のある制限時間の大会を選んだほうがいいでしょう。

また、バイクとランが周回コースの場合、途中に制限時間が設定されていることもあるので要注意です。

だれもいない海

目標レースが決まったら、それに向けての準備です。前泊や後泊が必要なら、早めに宿をキープしておきましょう。なかには宿が少ない地方の大会もありますから注意を要します。

早めにホテルを予約したのに、日付を一日間違えていて、あわてて予約し直したことがあります。予約が正しいかどうか、念のためにたしかめておいたほうがいいかもしれません。

さて、ここからは恥ずかしながら横綱級のやらかしを披露します。

ある日曜日、オーシャンスイムの大会に出かけました。いつもむやみに早く動くため、海岸にはだれもいません。靴下を脱いでマリンシューズを履き、受付が始まるのを待ちました。

しかし、サーフィンのイベントらしきものの準備は始まったものの、沖にブイもなく、受付のテントの設営もいっこうにされません。さすがにこれはおかしいと思い、最終案内のメールを印刷したものを見て愕然としました。大会は前日の土曜日でもう終わっていたのです。

てっきり日曜だと思いこんで手帳に書きこんでしまったのが敗因でした。最終確認のメールには土曜日と明記されていたので気がつかなかったのは迂闊としか言いようがありません。せっかく臨戦態勢だったのに、悄然と肩を落として浜辺を去りました。

ウエットスーツ着用可のプール

ここからは練習の準備です。

まずスイムでは、ウエットスーツを着用しての練習を一度はこなしておくことが望まれます。いきなり本番で使用すると、締め付け感にとまどったりしてパフォーマンスを発揮できない恐れがあるからです。

問題は、ウエットスーツを着用して練習できる場所が限定されることです。

まず、スポーツジムでは着用可のところがかなりあります。常に可能、曜日や時間帯によっては可能など、ジムによって違いますのでネットなどで調べてみてください。

公共のプールは着用可のところがぐっと少なくなります。着用禁止のプールが多いですが、少数ながら着用可のプールもあります。

わたしは自宅から通える公共プールの電話番号の一覧表を作成し、片っ端から問い合わせてみました。たしかに不可のところが多かったものの、２つのプールは幸い着用可でした。

ネットで検索すると、「公共プールでウエットスーツを着用できるところはありますか？」という問いに対して「そんなもの、あるわけないじゃないですか」というろくに調べもしない無責任な回答があってずいぶん腹が立ちました。粘り強く問い合わせてみれば、ウエットスーツ着用可のプールは必ず見つかります。運が良ければ、それはあなたの住まいの最寄りのプールかもしれません。

2つのプールのうち、片方はその後着用禁止になってしまいました。聞けば海で着用するウエットスーツは雑菌が入る恐れがあるため禁止にしたけれども、プール専用なら着用可だという説明でした。

そういうプールはほかにもかなりあるかもしれません。海では未使用で、トライアスロンの練習のために着用したいと申し出れば、許可が下りるところもあるでしょう。いちいちライフガードの了解を得なければならないのは面倒ですが、安い入場料で練習できるのは何よりの魅力です。

ただし、温水プールでウエットスーツ着用で練習するとかなり発汗します。こまめに水分補給をするように心がけてください。

オーシャンスイムスクールへの参加

オープンウォーターでは、プールのように線など引かれていません。ことに海では、波や潮位や流れなどが刻々と変わります。それに対応するためにはスクールへの参加が効果的です。

わたしは平塚の海で行われる湘南ベルマーレスポーツクラブのオーシャンスイムスクールに通いました。ここは初心者クラスと一般クラスに分かれているので、徐々にステップアップしていくことができます。

また、一般クラスは泳力に応じて3つのクラス分けがなされており、いちばん遅い組はいくらか軽めのメニューになるため、無理なく参加できます。初めは初心者クラスでも一人だけ落ちこぼれていましたが、やっと一般クラスの遅い組ならついていけるようになりました。

オーシャンスイムスクールは全国で行われています。一度は参加して、海でのスイムに慣れておくことが望ましいでしょう。レースの参考になる実践的な練習も積むことができます。

バイクとランのコース選定

続いて、バイクとランの練習です。

細かい練習内容については付録2の参考書籍の紹介に譲り、ここでは基本的なことを押さえておきます。

まずは定点観測のため、複数のコースを設定しておきましょう。タイムトライアルを行うコースは、交通量の少ない河川敷などがいいでしょう。定期的にタイムを計測すれば、現在の力や調子をある程度把握することができます。

平坦なコースばかりでなく、アップダウンのある坂練を兼ねたコースも設定しておけば、筋トレも兼ねることができます。また、ロングライドやロング走のコースも持っておけば練習の幅がさらに広がります。

基本のブリック・トレーニング

2つの種目にまたがって行う練習をブリック・トレーニングと呼びます。

一般的なのは、バイクとランを組み合わせるブリック・トレーニングです。これはトランジションの練習にもなります。

錠をかけてはいるものの、ランのあいだバイクは放置されます。そのあたりが心配なので、わたしは常にバイクが視野に入る小回りのコースを設定しています。

バイクを目一杯漕いでからランに移ると、初めのうちは自分の足ではないような感覚に陥ります。周回コースなら、最終周はギアを1段軽くしてランに備えたりしますが、それでも通常のランより違和感を覚えます。

1キロくらい走ると、やっといつもの足の動きに戻ることができます。この「いけるぞ」という感覚をあらかじめ練習で体験しておくことが本番で活きるのです。

アクアスロン練習

スイムからバイクに移る練習には場所の制約がありますが、スイムとランを組み合わせた練習会は定期的に開催されています。

わたしは茅ヶ崎のサザンビーチで開催されているClub GERONIMOのセッションにスポット参戦しています。トライアスロンやアクアスロンの前の週に、オーシャンスイムとランを組み合わせた練習を行うのは、最終調整としては理想的です。

同様の練習会はほかにも開かれていますから、最寄りのところを探してみてください。また、アクアスロンもしくはデュアスロンの大会をトライアスロンへのステップレースとして織りこむことも有効です。

スケジュール表の作成

わたしは鉄道の乗りつぶしも趣味で、遠征のたびに詳細なスケジュール表を作成して家族からあきれられています。そういう癖がついているので、トライアスロンの遠征の際も事細かなスケジュール表をつくります。

当日篇でも言及しますが、受付やトランジションのセッティングの時間はあらかじめ決まっています。それに遅れないように余裕を持って動くために、簡単なスケジュール表は作成しておいたほうがいいでしょう。大会から配布される資料にメモを追記する程度でも充分です。

持ち物リストは必須

トライアスロンは3つの競技を合わせたスポーツですから、大会参加時の持ち物がどうしても多くなります。忘れ物がないように、持ち物リストを作成してチェックしながら準備を進めてください。

こんな大きなものを忘れるはずがないというものも含まれていますが、よもやというものを忘れたりするのが人間です。自走で会場へ向かおうと思ったら、当然背負っていなければならないトライバッグをホテルの部屋に忘れてきたことに気づいて冷や汗をかいたことがありました。早朝なので蒼くなりましたが、大声で呼んだら幸いにもスタッフが出てきてくれて事なきを得ました。

ほかにも、会場に着いたら組み立てるホイールを車に積み忘れるなど、大きな失敗例を耳にしたことがあります。

次に掲げるのは、わたしがいつも使っているチェックリストです。不要なものを消して必要なものを追加するなど、アレンジして使えるようになっていますので、参考にしていただければ幸いです。

□バイクのチェーン錠
（コンビニなどに
寄る予定があれば）

□雨合羽（天気予報による）

□着替え

□下着とソックス

□絆創膏

□湿布

□歯ブラシなどの旅行セット

□耳栓（就寝時用）と
アイマスク

□レジャーシート

□保険証のコピー

□身分証明書（必要な場合）

□携帯電話

□デジカメ

□ノートパソコンなどの
仕事道具

トライアスロン大会持ち物チェックリスト

□大型トライバッグ
□バイク
□輪行袋
□エンド金具、かつぎひもなど輪行備品
□ヘルメット
□参加証、ゼッケンなど大会関係資料一式（当日受付の場合も）
□ウエストポーチ（カードやお金など）
□ゼッケンベルト
□ウエットスーツ
□トライウェア上下
□スイムキャップ
□ゴーグル
□予備のゴーグル
□くもり止め
□スイム用耳栓
□耳栓入れ
□ワセリン
□使い捨てゴム手袋
□ウエットスーツ用スプレー
□日焼け止め（クラゲ除け）
□マリンシューズ
□バイクシューズ
□クリートカバー
□CO_2ボンベ
□パンク修理剤
□タイヤレバーその他の工具
□替えチューブ
□ランニングシューズ（日常履きと2足。入らなければ1足）
□ドリンクボトル×2
□各種サプリ
□経口補水液（サプリ入り）
□バイクグローブ
□メガネケース
□時計
□ランニングキャップ
□タオル2枚（足拭き用と輪行用）
□ハンドタオル

Ⅲ　当日篇

体を休めていれば大丈夫

ここからは、いよいよレース当日篇です。

前日の深酒は論外ですから、早めに就寝することを心がけてください。

とはいえ、わたしもそうなのですが、レース前日はなかなか寝つけないことも多いものです。ホテル泊なら枕も変わるからなおさらです。1時間くらいしか眠れなかったことも過去に何度かありました。

しかし、睡眠不足でも、前夜にベッドで体を休めていれば、意外になんとかなるものです。わたしの過去の経験上はそうでした。

いざレースが始まれば寝不足も忘れます。ほとんど眠れなかったとしても、気を取り直して会場に向かいましょう。ただし、どうしてもスイムが不安な場合はスキップ（スイムを棄権してもバイクとランには出場できる救済システム）という選択肢もあります。

受付とトランジションは余裕を持って

受付とトランジションのセッティング時間はかぎられています。

参加人数が少ない地方の大会などでは、いつでもトランジションゾーンに入れるところもありますが、規定の時間を過ぎると立入禁止になる場合が大半です。うっかり忘れものをしてしまい、マーシャルに頼みこんで入れてもらったことがありますが、あれはバツの悪い思いをするものです。

急いでいるとどうしてもミスが出ます。余裕を持ってセッティングができるように、トランジションゾーンには早めに向かいましょう。

トランジションのセッティング

まずは長い棒状になったバイクラックの自分のナンバーのところにバイクを引っかけます。

初めのうちは「あれ、向きはどっちだっけ？」と戸惑います。必ず間違える人が出るところですが、前輪が前を向くようにサドルを引っかけるのがポイントです。大事なポイントなので繰り返します。「前輪が前」です。

ヘルメットは風で転がっていったりしないように、ストラップでしっかりバイクに固定しておきます。ヘルメットを外してかぶったら、先にストラップを締めてからバイクをラックから外すのが基本ルールです。

バイクの手前に置く用具の配置は、競技と同じスイム・バイク・ランの順にしておくと効率的です。競技を終えたスイム用品のうち、ウエットスーツは所定のカゴや袋に収納することが義務づけられている大会もあります。違反すればペナルティの対象です。

わたしは足拭き用の長細いタオルを敷き、その上にバイクシューズやラングッズなどを置いています。使う順番に従い、手前がバイクシューズ、奥がランニングシューズとキャップです。ここでも風に飛ばされないように、キャップはシューズの下に置きます。

スペースがかぎられていますから、両隣の選手に迷惑をかけないように大きな荷物は置かないことがマナーです。参加者の少ない大会で、トランジションバッグをそのまま置いても大丈夫という場合もありましたが、それは例外中の例外です。大きな荷物を置いたりしたら注意されます。

ただし、酷暑のレースが予想される場合、小型のクーラーボックスならトランジションへの持ち込み可とする大会もあります。大小を問わず、クーラーボックスは競技に直接関係のない物と見なして持ち込み不可とするところもあります。そのあたりは大会によって異なりますから、あらかじめローカルルールを確認しておいてください。

バイクの場所と順路の確認

トランジションで行うことはセッティングだけではありません。

自分のバイクの位置をたしかめ、スイムアップからどういう順路でバイクラックまでロスなく進むか、さらに、バイクアップからランスタートへの最短の順路はどうか、指差確認を行いながらシミュレーションしておくことが大切です。

時間があれば、これは念入りに行っておくのがいいでしょう。スイムのダメージで方向感覚が怪しくなってしまい、せっかくシミュレーションしたのにうろうろしてしまったことがありました。

サイコンとギアの確認

細かいところですが、サイクルコンピュータの距離表示をゼロにしておくことも重要です。

トライアスロンのDNQ（失格）の大半は周回不足です（周回ポイントを通過するたびに計器で自動計測）。ランでも起きますが、バイクのほうがはるかに多いでしょう。サイクルコンピュータが正しく機能していればそういうミスをなくすことができます。

バイクを組み立てるときは、いちばん重いギアになります。うっかりそのままにしてしまい、漕ぎ出しが重くてロスをしたことがありました。軽いギアになっているかどうかも確認しておきましょう。

始まるまでの飲み物の確保

トランジションエリアから出ると、あとはスイムの招集を待つばかりです。ただし、その前におおむね試泳がありますから、それに合わせてウエットスーツを着用します。夏にはこの段階で水分が失われるため、レースが始まるまでに摂取する飲み物は不可欠です。

ちなみに、わたしは経口補水液にサプリを溶かしたものを使用しています。経口補水液は味がいま一つなのが難点ですが、味がついたサプリはその弱点を補ってくれます。おまけにマグネシウムなどの栄養素を摂取できるのですから一石二鳥です。

安心のための試泳

海でのスイムは、いくら経験を重ねても緊張するものです。その緊張と不安を軽減してくれるのが試泳です。たとえ少しでも泳いでおけば、ずいぶんと気が楽になるものです。

試泳タイムが設定されている大会は、時間に遅れないように逆算して準備をし、必ず試泳を行うようにしてください。

アンクルバンドはウエットスーツの下に

スイムスタートの前にアンクルバンド（足首に装着するセンサー付きの輪っか）が配布されます。配布の時間は決まっていますから、遅れないようにしてください。

トライアスロンのタイム計測の大半はアンクルバンドで行われます。マジックテープ式で足首に装着し、さらに幅広のゴムバンドをはめて脱落を防止します。素肌に直接装着し、上からウエットスーツをかぶせておけば、どこかにぶつけたりしても脱落する恐れはありません。

ウエットスーツの上に装着すると、トランジションでウエットスーツを脱ぐ際に着け替えなければなりませんから、脱落と二重の危険が伴います。必ずアンクルバンドを下にするようにしてください。

また、バイクでぶつけても外れたりしないように、右ではなく左の足首に装着したほうがいいでしょう。

いよいよ開幕

スタートラインに立つまで、ずいぶんいろいろな段取りがありましたが、いよいよレースの開幕です。

平常心で、練習してきたパフォーマンスを発揮して大いに楽しんでください。

レース中の注意点などは、次の付録2で折にふれて補足します。

では、舞台の幕が開きます。

たとえ遅くても、主役はあなたです。

付録2 レベルアップのために

ブックガイド50選

「付録2」はブックガイドです。

トライアスロンの総合的な入門書から始め、スイム・バイク・ランの3種目それぞれの参考書を紹介して、最後に中・上級者向けのトライアスロン関連書籍で締めくくるという五部構成です。

項目を立てている書籍は一人の著者につき一点に限定し、同じ著者や関連書でほかにも紹介したい本がある場合は、原則としてもう一冊だけ文中で補足することにしました。紹介している書籍のなかには現在入手が難しいものも含まれていますが、縁があれば手に入る機会もあろうかと考え、とくに区別はつけませんでした。

ブックガイドと言っても、堅苦しい純然たる書評集ではありません。これまでの章で言及できなかったポイントやエピソードなどを折にふれて補足しながら、ゆるく読めるように紹介していくつもりです。

それぞれの種目には参考書がたくさん出ています。ことに、競技人口の多いランニングは汗牛充棟《かんぎゆうじゆうとう》の趣です。ラン関係の書物がむやみに増えるのはバランスを欠いてしまうため、個人的に縁があった書物を中心にエピソードをまじえながら紹介させていただくことをお断りしておきます。

I　トライアスロン入門篇

まずはトライアスロンの総合的な入門書からです。

①　白戸太朗《しらとたろう》『ゼロから始めるトライアスロン入門』（KADOKAWA、2014）

本書の書名案の一つに『ゼロから始めるトライアスロン』があったのですが、この本がすでに書かれていたため断念しました。

著者はトライアスロンの元日本代表のプロトライアスリート兼スポーツナビゲーターで、

多方面にわたる普及活動に取り組んでいます。そのノウハウを凝縮した本書はレイアウトが見やすいうえに記述がわかりやすく、「初めの一冊」にはうってつけの内容になっています。

「マラソンが走れればトライアスロンは完走できる」という項目では、「オリンピック・ディスタンスであれば、むしろマラソンよりチャレンジの壁は低い」と未経験者の背中を押してくれます。ここでも強調しておきますが、種目ごとに使う筋肉が違うトライアスロン（オリンピック・ディスタンス以下）はフルマラソンよりダメージの残り方が少ないのです。

「記録より記憶に残るレースを」「トライアスロンでは、フィニッシュした人全員が勝者」「トライアスロンのための『トライアスロン』ではなく、人生を豊かにするための『トライアスロン』」など、心地いい風をもらえる言葉が随所に登場します。

もう一冊なら、いささか挑発的なタイトルの『仕事ができる人はなぜトライアスロンに挑むのか!?』（マガジンハウス）。ここでは「トライアスロンはタクティクス（戦術）スポーツであり、肉体以上に頭を使うスポーツ」と捉えられ、忙しいビジネスパーソンこそその競技に適性があることが豊富な実例とともに紹介されています。

付録1で詳述したとおり、スタートラインに立つまでには大小さまざまなハードルを超えていかなければなりません。3種目の練習をどう効率よくこなしていくか、スケジュールを考えながら取り組んでいくところはたしかに頭を使うスポーツです。トライアスロンではマネジメント能力も試されるのです。

わたしも年間十数冊の本を執筆しながら毎年トライアスロンに数回出場していますが、トライアスロンと仕事にはある程度の相乗効果が期待できるのかもしれません。

② 篠崎《しのざき》友《ゆう》・竹内《たけうち》正昭《まさあき》監修『この1冊で始められる！　トライアスロン完走BOOK』
（成美堂出版、2015）

プロトライアスリートとプロメカニック、二人の専門家がタッグを組んだベーシックな入門書です。

いきなり座談会から始まるので少し面食らいますが、写真が豊富で、実践・トレーニングメソッドには役に立つ情報がたくさん記載されています。輪行の仕方から、レースの乗り切り方、グッズカタログまで、かゆいところに手が届く内容になっています。

タイトルに偽りなし。この1冊をベースにインターネットで情報を補っていけば、トライアスロンを始めるには充分です。

③ 宮塚《みやづか》英也《ひでや》『宮塚英也の8週間で誰でもトライアスリートになれる!』（ランナーズ、2003）

コナでも活躍した元プロトライアスリートによる大判の入門書です。大会のデータなどはさすがに古くなっていますが、大きな写真入りでわかりやすく、内容はまったく古びていません。「長年プロとしてトップであり続けてきた理由は『練習をやり過ぎない』技術を心得ていたから」と語る著者による実践的プログラムに従えば完走は容易でしょう。写真入りのトランジションの解説など、初心者には有益な情報が多く記載されています。

各種目の上達法を解説したパートもあります。「走りのイメージだけは『一流ランナー』でいこう!」というランのパートでは、現在は解説でおなじみの花田《はなだ》勝彦《かつひこ》さんの勇姿が紹介されています。わたしもイメージだけはハビエル・ゴメス・ノヤやマリオ・モーラ（ともにスペイン。ランが得意な世界的トライアスリート）になったつもりで走っています。結果はともかくとして。

刊行年代が古い入門書からもう一冊。「トライアスロンを楽しむ会」編、社団法人日本トライアスロン連合監修『スポーツのある生活で健康に　誰でもできるトライアスロン』

（学習研究社）はよりコンパクトな内容。写真などは控えめですが、気軽に読めるハンディな入門書です。

④ 青山剛《あおやまたけし》 監修『レースに勝つための最強トライアスロントレーニング』（日東書院本社、2015）

入門書としてはシビアなハードルを設定している異色の一冊です。

監修者は元プロトライアスリートですが、本書まではもっぱらランニング関係の本を執筆していました。『どんどん走れる体になる！青山剛のスイッチ・ランニング』（高橋書店）で紹介されている腹筋運動などはいまも励行していますし、監修者がプロデュースした難コースのきょなんヒルズマラソンにも出場していたので、本書は待望の刊行でしたが、なかなかに耳の痛いことも記されていました。

トライアスロンで余裕を持って完走するには、フルマラソンでサブ4を達成するくらいの基礎体力がないと難しい、といきなり先制パンチが飛んできます。さらに、自分のレベルを知るためにランとスイムの級が設定され、その級にふさわしい距離のレースが推奨されます。従来の入門書にはなかった独創的な試みです。

ランは5キロ、スイムは100〜400メートルのタイムで級が決められます。わたしの場合は、ランは元2級（22分30秒）、現在は衰えて3級（25分）ですが、スイムは4級でした。一つ上の3級は400メートル8分。100メートル2分でも高い壁のわたしにはとても無理そうです。

級が違う場合は、トライアスロンでは低いほうの級が採用されます。級別の大会推奨レベル表に従うと、4級は制限時間内完走が目的であればオリンピック・ディスタンスに出場してもいいがミドル以上は推奨できないということでした。初ミドルでえらい目に遭ったわたしにはぴたりと当てはまっていました。

本書ではそれぞれの級に合った練習プログラムなども紹介されています。ただ完走するのではなく、ある程度の成績も望む初心者にはおすすめの一冊です。

⑤ 中島《なかじま》靖弘《やすひろ》監修『トライアスロン完全BOOK　レベルアップのコツ55』（メイツ出版、2015）

湘南ベルマーレトライアスロンチームのヘッドコーチによるベーシックな一冊。写真が多くてわかりやすく、入門書としても使いこなせる参考書です。スイムでの手のひらの向きや、ペダリングの図解など、参考になった箇所が多々ありました。飛行機は使わないので、「気圧が変わる飛行機輸送では（タイヤの）空気を抜いておかないと破裂するので注意」という指摘はまったく知りませんでした。ここに補足しておきます。同じ著者による『骨盤ランニング』（ベースボール・マガジン社）もいたってわかりやすいラン関係書籍です。

⑥ 八尾彰一《やおしょういち》『2軸トライアスロンで楽に速くなる』（ランナーズ、2006）

トライアスロン関係書でＤＶＤ付きのものは意外にないのですが、これは例外的な一冊。実業団のトライアスロンチームの指導を経て、幅広い普及活動をしている著者によるわかりやすい解説書です。

スイム、バイク、ランの3種目ともに体の使い方には共通するところがある。そのキーワードとして著者が繰り返し提唱しているのが「2軸」です。

「骨盤の傾き加減や脚、腕の使い方など、3種目を通して同じ動きをする方が効率的であり、それを実現してくれるのが、『2軸動作』であることに気づいた」と述べる著者が、実際に体を動かしながら解説してくれます。

バイクのハンドルを握るときの力の抜き方や肩のゆすり方など、勉強になったシーンはただちに浮かんできます。この伝わり方は、やはり動画ならではでしょう。

3種目のドリルも多彩です。スイムのバターロール（手がクロールで足がバタフライ）などは名称も気に入ってときどき行っています。プールで速くなるためではなく、オーシャンスイムに強い安定した「2軸の泳ぎ」が提唱されている点も非常に説得力があります。

⑦ 野《の》中《なか》秋世《あきよ》『トライアスロンはじめました。』（誠文堂新光社、2012）

ここまではトライアスロンの元選手の著作でしたが、これは一市民トライアスリートの視点から書かれた一冊です。何もないところから始めた体験記ですから、ほかの入門書にはない身近さがあります。

ただし、一つ異色な点があります。なんと、著者はフルマラソンの前にトライアスロンを始めたのです。フルを50戦近く走り、タイムが頭打ちになってからトライアスロンを始めたわたしとは好対照です。

しかし、軌を一にする記述もあります。トライアスロン＝鉄人レースではなく、トライアスロンは体にやさしい。フルマラソンのほうがダメージが残る。これはまさにそのとおりです。

さらに言えば、ウルトラマラソンはもっとダメージが残ります。同じ筋肉を酷使するウルトラ100キロに連続して出場していたころは接骨院に何度も通う羽目になりましたが、練習を含めてトライアスロンでは大きな故障がなくなりました。

続篇は『トライアスロンはまりました。』(誠文堂新光社)。海外レースやミドルへ幅を広げた体験記の第二弾です。初ミドルの当日にウエットスーツをホテルの部屋のクローゼットに忘れてパニックになるエピソードは、既述のとおりわたしも初ミドルの当日にトライバッグを置き忘れたので他人事とは思えませんでした。

II　スイム篇

3種目のブックガイドに移ります。

まずはスイム篇です。

⑧ テリー・ラクリン著、竹内慎司《たけうちしんじ》訳『誰でもラクに美しく泳げる　カンタン・スイミング　効率的に泳ぐトータル・イマージョン(TI)スイム・メソッド』(ダイヤモンド社、2008)

プールで速く泳ぐ競泳用の参考書もたくさん出ていますが、トライアスロンのスイムを安定して泳ぐための資料を優先して選びました。

そのトップバッターがＴＩ（トータル・イマージョン）スイムの基本参考書です（現在はトータル・イマージョンからイージー・スイミングに呼称が変わっています）。

「誰もがより速く、しかもラクに『魚のような』泳ぎができるようになる」

これがイージー・スイミングの眼目です。

本書にはＤＶＤは付属していませんが、イージー・スイミングで検索してみると実泳の映像を観ることができるはずです。まさに魚のような美しい泳ぎです。

特筆すべきは２ビートキックの見事さです。よくこんなに少ないストロークで速く泳げるものだときっと感心することでしょう。

ほうぼうで行われているワークショップやグループレッスンなどに参加する時間と費用に乏しいもので、ＤＶＤをたくさん買って勉強しました。

ま＝前のめり感

あ＝安定感

な＝なめらか感

「まあな」などの独特の用語を多用しながら、わかりやすく解説してくれます。スーパーマン・グライドを筆頭に、ドリルの名前もユニークですが、陸上での練習、ドライハンド・リハーサルはそれだけで一枚のＤＶＤになっています。

もう一冊選ぶとすれば、『オープンウォータースイム　スピードアップスキル』。ＤＶＤですが、ガイドブックのＰＤＦを無料でダウンロードすることができます。

２ビートキック（手を２回かく間に、２回キックを打つ泳ぎ方）がイージー・スイミングの代名詞のようなものでしたが、ここでは新しい６ビートキック（こちらはキックが６回）が提唱されています。オープンウォーターに負けない安定した６ビートキックで泳ぐことは、当時のわたしには魅力的な提案でした。

プールで繰り返し２ビートキックの練習をし、それなりに打てるようにはなったのですが、海では足が浮きすぎてどうもうまくいきません。そこで、本書が提案する６ビートキックに変えてみたところ、前よりはだいぶましになりました。最下位だったこともある苦手のスイムに光明を与えてくれた一冊です（その後、また試行錯誤があり、ゆるやかな８

ビートに変更)。

⑨ 高橋雄介《たかはしゆうすけ》『最先端泳法「フラットスイム」でクロールがきれいに速く泳げる!』(東邦出版、2012、新装版2017)

泳げない人を泳げるようにする指導では定評のある第一人者で、水泳に関する著作が多数あります。どれを選ぶか迷ったのですが、DVD付きで映像がわかりやすい本書を選びました。著者が指導した日本を代表するスプリンターの塩浦慎理《しおうらしんり》選手も模範スイムを披露しています。

スプリンターと中長距離、その適正距離によって変わってくるキックなどの解説にはときにオーバーアクションが交じり、退屈することなく視聴することができます。多くの老若男女を指導してきた著者によるプライベートレッスンの模様も収録されています。

フラットな姿勢でシンプルにストレートなプル(手のかき)を行う。まっすぐ後方へエネルギーを送る。フラットスイムではそう推奨されています。クロールばかりでなく、4泳法のDVD付き参考書もあります。

もう一冊は、『誰でも1km泳げる! がんばらないクロール』(SB新書)。フラットスイムの要諦がわかりやすく記されています。

付箋を貼った箇所からいくつか引用してみましょう。

「水中での手のかき方は、『まっすぐ』と覚えておいてください」

「エントリーを含めて基本的に指先はプールの底のほうへ向ければいいんです」

「エントリーしたら、前方へ伸ばした手のひらに対し、自分の全体重をスーッと乗せるようにイメージしてみましょう」

こういった箇所を読むだけでなんだか楽に泳げるような気がしてきます。実際にやってみると試行錯誤の連続ですが。

⑩ 柴田《しばた》義晴《よしはる》『DVD付き　ゆったりクロールで長く、楽に泳ぐ！』（ナツメ社、2009）

1軸走法（体の中心から地面へ1本の軸を意識して走る走法）か2軸走法（両肩から地面へ2本の軸を意識して走る走法）か、ランでは2つの走法を勧める指導者がおり、意見が対立しています。それと同じように、スイムのクロールでは、フラットなI字ストローク（水中で直線的に腕をかく泳法）とSのような曲線を描くS字ストロークの対立が見られます。

先に紹介した高橋さんはI字ストロークのフラットスイムを提唱していましたが、柴田さんはS字ストロークを達成型として推奨しています。初心者のうちはI字ストロークでいいけれども、やがてはS字ストロークにステップアップというわけです。

いろいろな資料を参照してみると、I字ストロークのほうが主流となっているようですが、要は自分に合った泳法を試行錯誤しながら身につけて磨いていけばいいのです。これはランの1軸と2軸も同じです。

さて、DVD付きのスイムの参考書には模範になる泳ぎが収録されていますが、本書には比較するためにNGのへたくそな泳ぎも多数紹介されています。どこが違うか一目瞭然なのでいたってわかりやすいのですが、へたくそな泳ぎは妙に目に残ったりするので見過ぎないように注意が必要です。

もう一冊は『オールカラー版DVD付き　基礎からマスター水泳』（ナツメ社）。こちらは4泳法のわかりやすい入門書です。泳げるようになるまでの練習法など、DVDにはない文字データも多く含まれています。

⑪ 加《か》藤《とう》健志《つよし》監修『DVD上達レッスン水泳』（成美堂出版、2008）

4泳法（クロール、平泳ぎ、背泳ぎ、バタフライ）をマスターするためのDVD付き参考書は多士済々です。

著者は金藤《かねとう》理《り》絵《え》さんのリオ五輪の金メダル獲得で脚光を浴びたコーチで、その指導力には定評があります。金藤さんはインタビューのなかで「加藤コーチは知識がとても豊富で、一つ質問すると十の答えが返ってくる。聞いたことに対してきちんと返事が返ってくるというのは、信頼関係を築く上でとても大切だと感じます」と語っていますが、本書のDVDを見るとうなずけます。歯切れがよくわかりやすい解説で各泳法のポイントを教えてくれる本書を、DVD付き4泳法の入門書としてまずおすすめしたいと思います。

もう一冊は、『加藤健志コーチのプールサイドで速くなろう!!』（ベースボール・マガジン社）。プールサイドで行うトレーニングが写真入りで多数紹介されています。器具を使ったり、二人一組になったりするものもありますが、こんなに多くのトレーニングがあるのかと驚かされる充実した内容です。

⑫ 奥野《おくの》景介《けいすけ》『クロール』（ベースボール・マガジン社、2010）

水泳レベルアップシリーズの一冊で、指導に定評のあるオリンピアンがわかりやすく解説してくれます。いたってオーソドックスなアプローチで、ボディポジション、キック、エントリー、キャッチの順に注意点が的確に示されていきます。

トライアスロン向けの泳ぎなら、ディスタンスの項目。テキストでは短い紹介ですが、模範泳を含むDVDでは充分な情報量です。そのほかに、腹圧を鍛えるための簡単なエクササイズなど、多くの有益な情報が含まれています。

もう一冊は『DVD完全レッスン！ 水泳4泳法』（日本文芸社）。スーパースローを用いたわかりやすいDVDで、スカーリングを3段階に分けて紹介するなど、理詰めのステップアップができる構成になっています。

⑬ 野《の》口《ぐち》智《とも》博《ひろ》『DVD付き 速く美しく泳ぐ！4泳法の教科書』（ナツメ社、2015）

抗力、揚力、慣性、圧力抵抗、造波抵抗など、物理の教科書かと思うほど専門用語が矢継ぎ早に飛んできますが、難易度がむやみに高いわけではありません。映像を観ながら説明を聞くと、素直に頭に流れこんできます。理詰めで説得力の高い参考書としておすすめです。

もう一冊は『もっと贅沢に楽しく泳ごう！　知的に水泳レッスン』（ベースボール・マガジン社）。トップスイマーの息継ぎ写真館や古式水泳の横泳ぎのレクチャーなど、ほかの参考書にはないユニークなコーナーが含まれています。

⑭ 萩原智子《はぎわらともこ》監修『DVDレッスン萩原智子の水泳　基礎からチャレンジ！』（学研パブリッシング、2014）

こちらも4泳法のDVD付き参考書です。オリンピアンの監修者によるいたってオーソドックスな構成で、レイアウトも見やすくつくられています。

スイムに対する考え方も示唆に富んでいます。「水泳が楽しい」と感じて泳ぐか否かで上達速度に差が生じる。小さなことでいいから課題を用意して乗り越え、その達成感を喜びに変えながら上達していく。日常の練習で実践したい心がけです。

もう一冊は、同書の参考文献にも挙がっていた窪康之《くぼやすゆき》・岩原文彦《いわはらふみひこ》『DVDレベルアップ！　水泳4泳法完全マスター』（西東社）。こちらは科学的なデータに基づくグラフを多用し、説得力を加えています。

⑮ **快適スイミング研究会編『ゼロからの快適スイミング　ゆっくり長く泳ぎたい！』**（学習研究社、2001）

たいていのクロールの参考書はプルに力点を置き、しっかりかくことを推奨しますが、本書はそうではありません。腕をかきつづけるのがクロールではない、と固定観念を捨てさせ、だれにでもできるシンプルな動きが提唱されます。

具体的には、「２本のレールの上を滑るように進む」「正しいストリームラインをつくり、シンプルなI字プルで泳ぐ」「２ビート・キャッチアップで楽に長く泳ぐ」などです。

初めに紹介したイージー・スイミングとも通じるこの泳法は、オリンピック・ディスタンスからミドル、ロングの長い距離でこそ力を発揮しそうです。

⑯ **原《はら》英《ひで》晃《あき》『呼吸泳本　呼吸を変えるだけで速くなる』**（ベースボール・マガジン社、2015）

著者は２００メートル自由形の元日本記録保持者で、マスターズ水泳で世界記録も保持している鉄人スイマーです。文中でも指摘されているとおり、水泳は陸上スポーツより呼吸に重きが置かれます。しかし、呼吸だけで一冊というのは前例のない画期的な試みです。メカニズムから各泳法ごとのトレーニング法まで、呼吸について詳しく解説されています。

もう一冊は『おとな×ブカツ　スイミング部』（ベースボール・マガジン社）。DVDのないコンパクトなつくりですが、両手を使ってプールから上がる動作がトレーニングになるなど、目からうろこが落ちる記述が随所に見られます。

⑰ 角皆優人《つのかいまさひと》『楽しみながら、もっと速く！　もっと長く！　大人の水泳教室』（メイツ出版、2009）

まず、前書きの冒頭がすばらしいです。引用します。

「この本を手にとっていただき、ほんとうにありがとうございます。この文章を読んで頂けたことで、あなたと著者であるわたしに、ひとつの絆が生まれました。まず、それを感謝させてください」

思いとあたたかさが伝わってくる、いいつかみです。

著者はフリースタイルスキーの名選手で、現在はリハビリ中に再開した水泳を指導しているという経歴の持ち主。DVDはなく、写真のモデルもいたって地味ですが、それだけに水泳に関する熱意が伝わってくる一冊に仕上がっています。

もう一冊は、タイトルが似ている笹原辰夫《ささはらたつお》『大人の水泳』（日本文芸社）。「70代、80代であっても、水泳を始めるのに遅いということはない」というのがタイトルの由来でしょう。まったく泳げない人が水慣れをして、4泳法をマスターし、ターンや飛び込みができるようになるまで、わかりやすく解説されています。

⑱ 財団法人日本水泳連盟編『オープンウォータースイミング教本』（大修館書店、2006）

副題は「泳者・指導者・運営者用」です。運営者向けのところはともかく、リップカレント（離岸流）を浜から見分ける方法など、泳者にとっても貴重な指摘が多く含まれています。

低水温への対応では、危機に陥ったときの気の持ちようまで次のようにアドバイスしてくれます。

「とにかく普段プールで泳いでいる時と同じように、正しいストロークと完全な息継ぎ（呼吸）をするよう集中してみるとよい。そして『自分はいつもと違った環境の中で泳いでいるだけなんだ』と思い直すことが大切である」

ほかにも有益なアドバイスが含まれているので、数少ないオープンウォータースイミングの参考書として貴重な存在です。

もう一冊は鈴木《すずき》大地《だいち》・藤本《ふじもと》秀樹《ひでき》編『だれでもどこでも泳げるようになる！　水泳大全』（東洋館出版社）。こちらは日本泳法などの安全水泳に始まり、水球やマスターズ水泳やパラ水泳などもフォローされています。量こそ少ないですが、オープンウォータースイミングに関する記述もあります。

以上に紹介した書物のほかに、ユーチューブの映像も参考になるものが多数アップされています。検索すればチェックしきれないほどのレクチャーがヒットしますので、折にふれて参考にしてみてください。

Ⅲ　バイク篇

続いて、バイクの参考書です。

⑲ **竹谷《たけや》賢二《けんじ》『バイシクルライディングブック』**（ベースボール・マガジン社、2012）

スイムの参考書はＤＶＤ付きのほうが多いくらいですが、バイクではあまりありません。

これはその貴重な一冊です。

ＭＴＢクロスカントリーのプロライダーからオリンピアン、のちにトライアスロンにも本格的に参戦している知名度の高い著者による内容の濃い参考書です。頭で理解し、バイクなしで体感し、実技につなげていくという理詰めのプロセスで、それぞれのドリルなどは動画でチェックできるのできわめてわかりやすいです。実技篇も、ブレーキング、コーナリング、上り、下りと分けて解説されているため非常に参考になります。

たとえば上りでは「常に重力の方向、重力線を感じて、ペダルに対して脚の重さを合わせるようにし、バイクとペダルを自分の真下に置く意識を持ちましょう」という教えがあります。つらい上りに差しかかったら、この教えだけを思い浮かべて漕ぐようにしています。

本書を執筆するにあたって、参考書をいろいろ購入しましたが、それまではライディングに関する本は久しくこれだけを使っていました。自信を持っておすすめできる一冊です。姉妹篇の『バイシクルトレーニングブック』もありますが、もう一冊はより簡便な『ロードバイクの作法　やってはいけない64の教え』（ＳＢ新書）。「バイクの総合的なパフォーマンスは『フィジカル×スキル』で決まる」。その総合力向上のための的確なアドバイスが多数含まれています。

⑳ 別府《べつぷ》匠《たくみ》監修『ロードバイク　ライディングのコツ60　プロが教える基本&トレーニング』(メイツ出版、2019)

監修者は実業団のレーシングチームの監督で、日本人初のツール・ド・フランス完走者である別府史之《ふみゆき》選手の実兄です。

ロードバイクを始めるところからロードレースに出場するまで、どのようにステップアップしていけばいいかがわかりやすく解説されています。空気圧の調整、ヘルメットの装着の仕方、バイクシューズのベルトの締め方など、すべて写真入りでの解説ですから即戦力になります。

パート2以降では、ライディングのコツやトレーニング方法などが情報量豊かに記載されています。パーツ交換や補給食や雨の日対策など、かゆいところに手が届く内容です。最終的にはロードレースへの出場が想定されていますが、むろんトライアスロンの役にも立ちます。「初めての一冊」としておすすめしたい好著です。

㉑浅田顕《あさだあきら》監修『ロードバイクを自在に操るための知識・技術・トレーニング』
（ナツメ社、2017）

自転車競技の日本代表ロードレース強化ヘッドコーチによるこの参考書も「初めの一冊」候補です。

章タイトルは順に、「ロードバイクのしくみ」「フィッティング」「ライディングスキル」「フィジカルトレーニング」「パワートレーニング」「イベント別対策」「コンディショニング」。これでおおよその流れはつかめるでしょう。

イベント別対策の内容は、ロングライドとヒルクライムとエンデューロ（周回コースを決められた時間走り、周回数を競うレース）。将来ミドル以上の距離の大会を狙う方には大いに参考になるはずです。

㉒ロードバイク研究会監修『最強ホビーレーサー6人が教えるロードバイクトレーニング』（日東書院本社、2018）

ここからしばらくはトレーニングに特化した参考書です。

まずは仕事とレースを両立させている6人のホビーレーサーの考え方や練習法などを紹

介しているこの本です。多くの練習法が紹介されていますから、興味を抱いたものを採用してやってみるといいでしょう。

わたしが試してみたのは冬場の「クルクル練習」。インナー×ロー（前のフロントギアも後ろのリアギアも最も軽いギア）で平地を30分から1時間程度ひたすらクルクル回して走ると、ペダリングスキルが上がり、体幹が鍛えられるとのこと。やってみると想像以上にきつく、30分が限界でした。

一脈通じる練習法を、60歳までトライアスロンをやっていたという通りすがりの方から伝授されたことがあります。傾斜はそれほどでもないけれども長いだらだらとした上り坂をインナー×ミドル（リアギアだけ中くらい。前は軽いインナーギア）でクルクル回し、時速27～30キロくらいで走る。この練習をすると、激坂も楽に上れるようになるとのこと。平地の「クルクル練習」もそうですが、インナーでスピードがあまり出ませんから、安全なのも魅力の一つです。

姉妹篇のヒルクライム篇もありますが、もう一冊は『最強ホビーレーサー高岡《たかおか》亮寛《あきひろ》が教えるロードバイクトレーニング』（日東書院本社）。練習法は強度の高いものも多いですが、マネジメントスポーツでもあるトライアスロンにも役立つ考え方が前半で紹介されています。

「トレーニング時間が確保できなくても、適したトレーニング方法はある」などの「まとめ」だけ読み返すのもいいでしょう。

㉓宮澤崇史《みやざわたかし》『宮澤崇史の理論でカラダを速くする　プロのロードバイクトレーニング』（日東書院本社、2016）

ホビーレーサーからプロのトレーニング本に移りましょう。国内外で数々の実績を残して引退した著者による指南書の紹介は、まずあとがきから引用してみます。

「本書は、一回読んだだけで理解することは不可能だと思います。なぜなら、変化し、次の段階に進んではじめて見えることがあるからです。

ですから、一度に本書を理解しようとする必要はありませんし、おそらく不可能です。まずは1ページでも結構ですから、読み込んで理解したうえで実際に体を動かし、あなたの体を変化させてみてください。すると、つぎの1ページが理解できるようになるはずです」

理解不可能と言っても、難解な表現がなされているわけではありません。むしろ逆で、表現それ自体はいたってシンプルです。

一例を挙げれば、「骨で押す」。筋肉ではなく、骨でペダルを押せば効率よくパワーを使うことができるという教えですが、これを「実感」して次のステップへ行くにはかなりの試行錯誤が要求されるはずです。

もう一冊は『土井《どい》雪広《ゆきひろ》の世界で戦うためのロードバイク・トレーニング』（東京書籍）。サイクルロードレースのトッププロとして活躍する著者がトレーニングの方法論やレースマネジメントなどについて語った本で、内容はいささか高度ですがトライアスリートにも参考になる記述が含まれています。

㉔福田《ふくだ》昌弘《まさひろ》『ロードバイクスキルアップトレーニング』（日東書院本社、2018）

スイムの動きをそれぞれのパートに分解し、ドリルをこなしてから完成形に近づけていくのはわりとオーソドックスなアプローチです。しかし、バイクのペダリングを分解して身につけるのは類例のない独創的な試みです。

体幹を安定させるためのドリルはまず呼吸から始まります。次のステップは「胸の力で鼻を持ち上げる」です。こうして一歩ずつステップアップしていったドリル20、ここまでの集大成とされているのはペダリングに必要な要素がたくさん詰めこまれたスクワットです。一つずつドリルを積み重ねて単純なスクワットに戻るのは感動的でもあります。

㉕満生《みついき》文洋《ふみひろ》監修『いちばんやさしいロードバイクメンテナンス&乗り方完全ガイド』(池田書店、2008)

バイクにはメンテが不可欠です。また、レース中にパンクした場合は自力で直さなければなりませんから、最低限のスキルは身につけておかなければなりません。

その最初の一冊としてまずおすすめしたいのが本書。いちばんやさしいという言葉どおり、写真入りでわかりやすく解説してくれます。メンテナンスから乗り方まで、広く浅くまず基本を押さえるには好適な入門書です。

もう一冊は、鏑木《かぶらぎ》裕《ゆたか》『最新ロードバイクメンテナンス入門』(コスミック出版)。こちらは2017年の刊行で、より新しい情報が記載されています。かなり難度の高いメンテも載っているので、ショップ任せにせず、自分で楽しみながらメンテを行う方に向いています。

ちなみに、わたしはタイヤの交換までで、それ以上の難しいメンテはショップに任せるようにしています。苦労してホイールとスプロケットとチェーンを交換したことはあるのですが、スプロケットを少し曲がって装着してしまったせいでしばしば不調が起こり、結局チェーンもまた交換することになってしまいました。やはり餅は餅屋に任せるのがいちばんのようです。

㉖野澤伸吾《のざわしんご》『アラフォーからのロードバイク』（SB新書、2013）

その餅屋、スポーツバイクショップの店員さんが執筆した新書です。

副題は「初心者以上マニア未満の〈マル秘〉自転車講座」。まさにそういう読者層がターゲットで、本書を読めば運動経験のない中高年でも安んじてロードバイクを始めることができるでしょう。「中高年は伸びしろが大きい」とは力づけられる言葉です。

「たった2秒の走行前点検」「自分で簡単にできるフォーム改良のレッスン法」など、すぐ実践できるものも紹介されています。

もう一冊は、同じ新書の西加南子《にしかなこ》『より速く、より遠くへ！　ロードバイク完全レッスン　現役トップアスリートが教える市民サイクリストのトレーニング法』（SB新書）。史上最年長の38歳で全日本選手権を初優勝し、「アラフォーの星」と称えられた著者が体幹や股関節を重視した体の使い方をレクチャーしてくれます。

㉗　堂城賢《たかぎまさる》『自転車の教科書』（小学館文庫、2016）

ランでは2軸か1軸か、スイムではストレートプルかS字プルか、フォームの違いによって意見が分かれてきます。

バイクで同様の例といえば、著者が提唱するおじぎ乗り（旧・やまめ乗り）と従来の乗り方でしょう。

背中をまっすぐに伸ばすおじぎ乗りはひと口では紹介しづらいのですが、軽く背を丸めるそれまで推奨されてきた乗り方とはまったく違っています。本書と姉妹篇の『自転車の教科書　身体の使い方編』（小学館）を読めば、そのアウトラインをつかむことができるでしょう。

ただし、形だけを真似て会得できるほど簡単な乗り方ではないようです。武道とも相通じる体の動かし方をマスターするためには、小説『ヒルクライマー』（小学館文庫）などの著作がある作家の高千《たかち》穂遥《ほはるか》さんが解説で称揚しているように、本書を読みこんだうえで著者のスクールの実技指導を受けてみるという方法も有力な選択肢です。

㉘『ロードバイク初・中級テクニック　ロードバイク上達への近道』（枻出版社、2009）

バイクはムックや雑誌の特集に参考になるものが多いです。ことに「エイムック」は多彩なラインナップを誇っています。

そのなかで、最もベーシックな一冊を選びました。刊行年はいくらか古いですが、大判で説明がわかりやすく、内容はさほど古びていません。

もう一冊は『トライアスロンバイク＆ギア完全ガイド　購入からセッティングまでバイクパートのすべてがわかる！』（枻出版社）。こちらはパーツやギアに絞った役に立つガイドムックです。

Ⅳ　ラン篇

参考書の数は競技人口に比例しますから、ラン篇は最も多くなります。新刊書店で流通していない本まで含めると膨大な数に上るため、そのなかから最大公約数の十数冊を選ぶのは至難の業です。

そこで、ある程度は個人的なラン歴に沿って、わたしと縁があった書物を中心に選ばせていただきました。ただし、幅広い内容になるように心がけて選書したつもりです。なかには絶版書も含まれていますが、ご容赦を願います。

㉙ 鈴木彰《すずきあきら》『eA式マラソン走力UPトレーニング』（ナツメ社、2008）

まずはベーシックな一冊から。

刊行された２００８年、８回目のフルマラソンでようやくネットでサブ4を達成しました。本書のペース表などには付箋がべたべた貼られており、当時の情熱を偲ばせてくれます。

まずウォーキングとジョギングで土台をつくってから、トレーニングに入ります。柱は6つで、順に、ＬＳＤ（ロング・スロー・ディスタンス。長い距離をゆっくり走る練習方法）、ロング走、ミドルペース走、坂道インターバル、インターバル、レースペース走です。さらにトレーニング計画とレース対策へと進んでいくオーソドックスな内容で、初めの一冊としては充分な内容になっています。本書のおかげでネットでサブ4を達成できたわたしは、陸連に登録していたころの所属はｅＡ三重にしていました（ｅＡは会員制クラブチームe-Athletes《イー・アスリーツ》の略）。

もう一冊は『eA式マラソン〈新常識〉トレーニング』（ナツメ社）。トレーニングプランが豊富に紹介された、一歩先へ進むための参考書です。ただし、3種目をこなすトライアスリートにとっては時間的にこなすのは難しい内容につき、おいしいところだけ採用してアレンジする工夫が必要とされるでしょう。

㉚金哲彦《きんてつひこ》『3時間台で完走するマラソン　まずはウォーキングから』（光文社新書、2006）

テレビの解説などでひっぱりだこの著者によるロングセラーです。新書判ですが情報量が多く、これまた最初の一冊に好適です。

この本にも付箋がたくさんついています。ネットでサブ4を達成したものの、なかなかグロスで4時間を切れず、17戦目でやっと切ったと思ったら距離が短かったらしく、結局19戦もかかってしまいました。苦労はしましたが、「3時間台で完走する」ことを第一目標に掲げた本書がいい指針になってくれました。

ウインドスプリント（8割くらいの力で短い距離を走る）、ファルトレック（不整地などの起伏に富んだ場所を走る）、レペティショントレーニング（完全な休息をはさんで全力走を反復する）などに付箋が貼られています。大きな公園でそういったトレーニングを積み重ねたおかげで、グロスのサブ４という大きな壁を打ち破ることができました。

もう一冊は『金哲彦のランニング・メソッド』（高橋書店）。こちらは写真入りのゆったりした組み方で、丹田、肩甲骨、骨盤という意識すべき３つの部位の使い方などがわかりやすく解説されています。

㉛川嶋《かわしま》伸次《しんじ》『DVDマラソン』（池田書店、2005）

シドニー・オリンピックのマラソン代表によるＤＶＤ付きの参考書です。フォームばかりでなく、ストレッチなども映像付きで、すこぶるわかりやすく紹介されています。一章が割かれているメリハリ走など、トレーニング内容も充実していますが、最も印象深かったのはコラム１。ケガの手術後に走れなかったときひたすら歩くことに専念し、それがオリンピック代表につながったという内容でした。わたしもグロスのサブ４を達成してから何度か故障があり、一進一退でしたが、走れなくても歩けるなら歩くことを続けているうちに徐々に記録も伸びてきました。その点で忘れられない一冊です。

もう一冊は、オリンピアンのＤＶＤ付き参考書つながりで『高橋尚子のランニングパーフェクトマスター』（新星出版社）。ドリルやストレッチなどをＱちゃん本人が実践しながら解説してくれる満足度の高い一冊です。

㉜アーサー・リディアード著、小《こ》松《まつ》美《み》冬《ふゆ》訳『リディアードのランニング・バイブル』（大修館書店、1993）

3時間50分、45分と5分刻みで壁を越えていくためによく繙《ひもと》いたロングセラーです。数々の名選手を育ててきた伝説の陸上競技コーチのノウハウが伝えられた書物で、まさにバイブルとなりうる濃い内容です。ことに一章が費やされたヒルトレーニングでは、さまざまな練習方法が連続写真付きで紹介されています。

本書で最も印象深かったのは、距離を決めてタイムを計測するタイムトライアルでラストスパートをしてはならないという教えです。はっきり記されているわけではありませんが、10キロのタイムトライアルでラストスパートをしてしまうと10キロのための練習になってしまう。フルマラソンのための練習にするにはラストスパートをしてはならないという深い教えだと読み取りました。もっとも、トライアスロンのランの練習ならラストスパートOKでしょう。

もう一冊は、ジャック・ダニエルズ著、篠《しの》原《はら》美《み》穂《ほ》監訳、前《まえ》河《かわ》洋《よう》一《いち》翻訳監修『ダニエルズのランニング・フォーミュラ』(ベースボール・マガジン社)。こちらも名コーチによる内容の濃いトレーニング理論書で、トレーニングペース表やトレーニングプログラムなど、データも豊富に紹介されています。

㉝ 田《た》中《なか》宏《ひろ》暁《あき》『賢く走るフルマラソン』(ランナーズ、2005)

その後の記録は一進一退で、もうPB更新は難しいかとあきらめかけていたころに出会った一冊です。

坂道走と踏み台を上り下りするステップ運動、クロストレーニング(自転車などのほかのトレーニングも採り入れること)など、いまも実践しているものが多い参考書ですが、いちばん恩恵を被ったのは足の爪先のほうで着地するフォアフット着地です。いまでは有名になりましたが、時代に先駆けて本書ではフォアフット着地が推奨されています。

ある日、走っているときの影の動きを見てフォームをチェックしていたところ、どうも力が上のほうへ抜けてしまっているようでした。これでは思うような推進力が得られません。

そこで、本書が推奨するフォアフット走法に思い切って改造することにしました。そうすれば力が上に抜けないだろうと考えたのです。

試行錯誤はありましたが、このフォーム改造は成功でした。走りはじめたときには考えられなかった生涯ＰＢの3時間39分00秒を出したのは、実にフルマラソン31戦目のことでした。これはひとえに本書によるフォーム改造のおかげです。

もう一冊は『スロージョギングで人生が変わる』（健康人新書）。ゆっくりと楽しみながら走るスロージョギングを提唱し、普及につとめたのが著者の大きな功績です。しかしながら、高齢になっても自らスロージョギングを実践しながら普及活動をつとめていくと思われた田中先生が病に倒れ、70歳の若さで世を去られたのは惜しみても余りあることでした。ＰＢ更新のきっかけをつくっていただいただけの縁でしたが、今後もスロージョギングを続けていきたいと思っています。

コラム

インターミッテント・トレーニング

スロージョギングの提唱者だった田中宏暁先生は、主要著書ではインターバルトレーニング（速く走ったあと休みを入れ、また速く走る練習方法）にさほど重きを置いていませんでした。『賢く走るフルマラソン』にも「インターバルトレーニングの欠点は、あまりやりすぎると疲労が蓄積し、オーバートレーニングになりかねないこととケガをしやすいこと」という記述があります。

しかし、田中先生は「ランニングマガジン・クリール」（2013年3月号）で「インターミッテント・トレーニング」というインターバルやレペティション（強度の低いジョグでつなぐインターバルと違って、完全に休む時間を入れる）と同じタイプのトレーニングを提唱したことがあります。インターバルは耳になじみがあっても、インターミッテント・トレーニングは知らないという方がほとんどでしょうから、ここで紹介してみます。

やり方はいたって簡単です。

まず1分間、最大酸素摂取量の100％の強度で走ります。2000〜3000メートルを全力で走るくらいのペースになります。このあと、ゆっくりジョグで4分間つなぎます。強度はかなり落としても大丈夫です。

強を1分＋弱を4分。合わせて5分のセットを12〜15回反復します。

このインターミッテント・トレーニングを行えば、グリコーゲン（エネルギー源となる糖原質）を枯渇させ、エネルギー生産工場であるミトコンドリアを増やす効果が得られるようです。持久力を向上させ、30キロ走と変わらないトレーニング効果が期待できるということですが、何度か試してみたところ、そこまでの効果はどうでしょうか。

しかし、1分でどこまで走れるかというゲーム感覚でこなせるトレーニングなので、試してみる価値は充分にあると思います。わたしは3回に1本を全力で走り、残りはフォームに気をつけていくらか楽に走るというふうにメリハリをつけながら試みるようにしています。

㉞佐々木功《ささきいさお》『「ゆっくり走れば速くなる」マラソン㊙トレーニング』（ランナーズ、1984）

ソウル・オリンピック代表の浅井《あさい》えり子選手を育て、ＬＳＤを早期に提唱した名指導者によるかつてのロングセラーです。田中先生よりさらに若く、病気のため52歳で早逝されましたが、その理論はいまも生きています。

長時間ゆっくり走ることによって末梢毛細血管を開発し、心肺機能を高め、最大酸素摂取能力をも高めていく。ＬＳＤによって長距離向きの体をつくったうえで、各種のトレーニングで上積みを図る。きわめてわかりやすく、かつ取り組みやすい理論です。

トライアスロンを始めるまではランだけの練習でよかったので、ＬＳＤを定期的に取り入れていました。フルマラソンの記録が尻すぼみになってきたのは、むろん加齢もありますが、ＬＳＤに割ける時間が乏しくなってきたのも大きな要因かもしれません。

もう一冊は、ジェフ・ギャロウェイ著、有吉正博《ありよしまさひろ》・渡辺雅之《わたなべまさゆき》訳『ギャロウェイのランニングブック』（大修館書店）。きわめて情報量の多い書物ですが、取り上げたいのはウォークブレイク理論。レースの後半ではなく前半から歩きを計算して入れれば、使う筋肉が違うことも幸いして、結果的に好記録でマラソンを完走できるという理論です。

奇遇にも、故佐々木監督の本でも同じ理論が紹介されています。「歩きを入れれば誰でもできる」という章で、「キセルマラソンみたいなもの」「あくまでも非常手段」というネガティブな評価ながら、ウォークブレイク理論を先取りしたものが実践方法付きで紹介されているのです。いずれどこかで試してみたい理論です。

㉟ みやすのんき『走れ!マンガ家 ひぃこらサブスリー』(実業之日本社、2015)

PBを更新してからは、練習不足もたたって記録は低下の一途をたどりました。トライアスロンも始めたことだし、加齢もあるしと、半ばあきらめの境地でしたが、ある日ランニング中の自分の影でフォームをチェックしていて愕然としました。フォアフットに改造したのに、いつのまにかまたしても力が上に抜けており、まったく推進力が生まれていなかったのです。一見したところ腰高で軽いきれいなフォームではあるのですが、力感と推進力に乏しく、失速するとスロージョグになってしまうのが致命的でした。

PB更新はもうあきらめたとはいえ、もう少し落ち幅を少なくできないものか。そう思っていたときに出会ったのが本書です。

本職がマンガ家だけに、わかりやすいイラストがふんだんに入っています。提唱されているのは、足の回転を速くする「シザース動作」、腰高意識ならぬ腰低意識、大転子(太腿の横の出っ張りの部分）を使った「蹴らない走り」など。従来になかった独創的な部分もありますが、理詰めで説得力があります。

ただし、いささか情報量が多すぎて、すぐ咀嚼して実践するのはややハードルが高いかもしれません。少なくともわたしはそうで、シザース動作ですでにつまずいてしまいました。

「悲惨な運動経験」の項目には記しませんでしたが、縄跳びも大の苦手で、縄跳びをしながら走るパートがある幼稚園の父兄対抗障害物競走では毎年大恥をかいていました。そんなわけで、鍵を握るシザース動作などがいま一つしっくりこないため、大転子を使ったウォーキングなどからじっくり取り組むようにしています。

もう一冊は『誰も教えてくれなかったマラソン　フォームの基本』（カンゼン）。こちらは一流ランナーのモデルがフォームの実演をしています。例によって情報が豊富すぎるほど豊富ですが、最後にまとめられている３つの注意点だけでも覚えておけば役に立ちそうです。

㊱高岡《たかおか》尚司《しょうじ》『ゼロベースランニング』（実業之日本社、2016）

裸足フルマラソンの日本最高記録保持者による本書でも、大転子の動きの重要性が指摘されています。みやす理論と高岡理論には明らかに通底するものがあります。

著者によれば、「ランニングとは、『重力による垂直方向への落下の力を、滞りなく進行方向への推進力に変換する運動』のこと」。重力と人体の構造と機能を調和させたナチュラルランニングの概念をベースに編み出されたメソッドがゼロベースランニングです。ゆったりとしたレイアウトで写真も多く、トレーニングメニューも含めてわかりやすく解説されています。胴体の動きで走りの推進力を生み出すゼロベースランニングによって、壁を打ち破ることができるかもしれません。

㊲小《こ》出《いで》義雄《よしお》『30キロ過ぎで一番速く走るマラソン』（角川新書、2013）

記録が望めなくなると、仮装でレースを楽しみながら走ることに力点が移ってきました。その話はコラムで述べますが、たとえ仮装で楽しむファンランであっても、老獪《ろうかい》なレース運びでそれなりのタイムにまとめることを理想としていました。

そんなころに出会ったのが本書。タイムではなく体力の貯金をし、30キロ過ぎで最も速く走ることを心がける。これがなかなかに難しく、それまでのネガティブ・スプリット（前半より後半を速く走ること）はたった1回というていたらくでした。

しかし、本書に接して「とにかく30キロからエンジン全開」というレースマネジメントを心がけたところ、2つのレースでネガティブ・スプリットを達成することができました。そのうちの1つは佐倉アスリートクラブ代表をつとめていた小出監督がゲストの佐倉朝日健康マラソンだったので、ささやかな恩返しになりました。

もう一冊は『マラソンは毎日走っても完走できない』（角川ＳＳＣ新書）。副題は「『ゆっくり』『速く』『長く』で目指す42・195キロ」、脚づくりのための「全力1キロ走」など、取り入れやすい練習メニューが紹介されています。

㊳ 岩本《いわもと》能史《のぶみ》『非常識マラソンメソッド』（SB新書、2010）

人気ランニングクラブを主宰するウルトラランナーが、それまでの通説になかった独創的なトレーニング方法を紹介した一冊です。たとえば、初心者には故障予防のために厚底シューズが推奨されますが、本書では「初心者でも厚底シューズを履かない」という正反対の指南がなされます。「非常識」という名が冠せられるゆえんです。

そのすべてが合うランナーは少ないかもしれませんが、取り入れると武器になるトレーニングも紹介されています。わたしが折にふれて行ってきたのは、まず5キロ×3のビルドアップ走（5キロごとにタイムを上げていく）。おおよそレースの10日前に行う「ソツケン」（卒業検定）ではフルマラソンの目標タイム別のメニューが例示されており、即戦力になります。

続いて、下り坂で着地筋を鍛えること。峠走に出かけて着地筋を鍛え、「超回復」を図るトレーニングは旅ランの楽しみもあります。

もう一冊は『違う自分になれ！　ウルトラマラソンの方程式』（講談社）。気温50℃の過酷な大会の参戦記や、峠走などを編み出すに至った半自伝的な内容も含まれています。過酷なロングやアイアンマンを目指す方には参考になる記述が多いはずです。

逆に、ランが短いスプリント系の方におすすめしたい参考書は川本和久《かわもとかずひさ》『足が速くなる「ポンピュン走法」DVDブック』（マキノ出版）。数々の名スプリンターを育ててきた指導者による映像たっぷりのわかりやすい指南書です。

㊴原章二《はらしょうじ》『マラソン100回の知恵　サブフォーをめざす市民ランナーへ』（平凡社新書、20

10）

本職は哲学者である市民ランナーが著した異色の一冊です。前書きではマラソンの専門家が書いた入門書に向かって敢然と反旗が翻されます。少し引用してみましょう。

「（前略）しかし、B級映画が単にグレードの低い映画ではないように、市民マラソンはエリートマラソンの劣化したコピーではないだろう。（中略）他者との競争ではないマラソン、勝ち負けにかかわらずに走っている市民ランナーの現実に即して、単に知識や情報だけではなく経験によって得た小さな知恵を伝える本、それが市民ランナーには必要であると思う。じっさい、取るに足らない小さなことが市民ランナーの喜びを育んでいる」

その「小さな知恵」の一例は、後半に苦しくなったときの対処法。ユーモラスな知恵がいろいろ紹介されていますが、20キロ過ぎにはだれかと会話しながら走ることも提案されています。

かく申す筆者も、著者と二度にわたってレース中に話をしながら走ったことがあります。「必見！マラソン100回の知恵」と記されたオリジナルTシャツを着ておられたので、すぐ原先生だとわかったのです。長く記憶に残る楽しい体験でした。

本書の後半では、市民マラソンをひとまず「卒業」し、次に進む道が示されています。その選択肢の一つとして、ウルトラマラソンやトレイルランにまじってトライアスロンも示されています。

もう一冊は『ただ走る哲学者　海外マラソン9連戦始末記』(平凡社)。副題どおりの内容で、楽しくさらりと読めますが、哲学者らしい省察も含まれています。ことに、「ひとが走るのは、ひとがそこで空虚になるからだ」は至言でしょう。

コラム

ご当地仮装のすすめ

「卒業」後の進路には、私見によればもう一つあります。さまざまなかぶりものをしたり、着ぐるみに入ったりする仮装ランナーになり、制限時間を有効に使って楽しみながら走るという道です。

当初の仮装は黒猫の着ぐるみでした。転機になったのは、白鳥のかぶりもので走ったいわて北上マラソンです。白鳥の飛来地であることにちなんだ仮装でしたが、これがずいぶんウケました。

仮装するなら、ご当地ものにかぎる。

味をしめたわたしは、次々にかぶりものを発注しました。りんご（弘前・白神アップルマラソン）、みかん（紀州口熊野マラソン）、梨（鳥取マラソン）がベスト3でしょうか。

とにかく声援が違いました。

同じかぶりものでも、鳥取で梨のかぶりものをすればかなりの割合で「梨」と認識してくれます。「二十世紀梨」と銘柄入りの声援も少なくありません。しかし、べつのところでは、「青りんご」「梅」などと呼ばれます。そのあたりの違いも仮装ランでは楽しむことができます。ちょっとしたフィールドワークにもなります。

トライアスロンは競技スポーツの色合いが濃いため、ランで仮装したりすることはいまのところありません。そもそも暑い時季がもっぱらですから、かぶりもので走ったりしたら熱中症になってしまいます。

それでも、「せっかく高い参加料を払ったのだから、制限時間を有効に使って楽しむ」という考え方はあってしかるべきだと思います。しっかりとレースマネジメントをし、トランジションではむやみにあわてず、きっちりと帳尻を合わせて笑顔で完走する。1分1秒を争うのは若者に任せておいて、ひたすらレースを楽しむ。これもまた大人のトライアスロンの選択肢の一つでしょう。

㊵ 中野《なかの》ジェームズ修一《しゅういち》『マラソンは最小限の練習で速くなる！』（SB新書、2013）

副題は「忙しい人の自己ベスト更新術」です。トライアスリートも3種目の練習をこなさなければなりませんから、「忙しい人」に含まれるでしょう。月間走行距離は100キロ台で充分、ペース走を主体として自己ベストを狙う本書の指導はシンプルで役に立ちます。エクササイズや筋トレのトレーナーとして有名な著者ですから、走らないで鍛えるメニューも豊富に収録されています。

もう一冊は、吉岡《よしおか》利貢《としつぐ》『毎日長い距離を走らなくてもマラソンは速くなる！』（SB新書）。こちらの副題は「月間たった80㎞で2時間46分！　超効率的トレーニング法」。自転車を利用したクロストレーニングも紹介されていますから、これまたトライアスリート向きの一冊です。

㊶ ランニング学会編『ランニングリテラシー　走って 読んで 再発見！』（大修館書店、2011）

ここからは、本書を執筆するにあたって新たに読んだ参考書から選んでみました。

全10章をそれぞれの専門家が執筆した一冊で、第1章「楽しき哉走る世界」はいささかぬるい雰囲気ですが、後半になるにしたがって内容が濃くなり、科学的な記述も増えていきます。どこかで接した理論だなと思ったら、執筆者は田中宏暁先生でした。

図表も充実しています。ことに見開きの表8は、5キロ、10キロ、ハーフマラソン、フルマラソン、インターバル、LTペース（糖を節約しながら走れるぎりぎりのペース）、マラソンペースがひと目でわかるようになっていて役に立ちます。

もう一冊は、同じ横書きの鈴木《すずき》清和《きよかず》監修『トップアスリートのランニングフォームで自己記録がぐんぐん伸びる本』（スタジオ タック クリエイティブ）。ストライド走法とピッチ走法の2分類ではなく、本書ではスイング走法、ツイスト走法、ピストン走法の3分類を採用、ユニークな名のトレーニングが多数紹介されています。

㊷鍋倉《なべくら》賢治《よしはる》『マラソンランナーへの道』（大修館書店、2018）

最後に、近年出版された参考書から。

テレビ番組で有名になった「ガチユル走」（ガチで入る部分をゆるい走りでつなぐインターバル系の練習方法）や12分走など、レースで結果を出すための即戦力のトレーニングが紹介されています。完走レベルから、サブ5を経てサブ4を目標とするランナー向けの参考書ですが、「ミトコンドリアの機能改善と量的発達」など、科学的な説明も充分になされています。トライアスリートにも有益な一冊です。

続篇の『続・マラソンランナーへの道』（大修館書店）はさらにグレードアップ。サブ3・5からサブ3を目指すランナーにも有益なデータが多数紹介されています。

Ｖ　トライアスロン発展篇

ここからまたトライアスロンに戻ります。

Ｉが入門篇なら、Ｖは発展篇です。トライアスロンを始めてオリンピック・ディスタンスまでがＩで、Ｖはミドル以上が対象になります。

ミドルからロング、さらにはアイアンマン。世界選手権に出るような強豪トライアスリートへの道もあります。

わたしはミドルまでしか体験できませんでしたが、書物は「その先」へと運んでくれます。

㊸ 西野《にしの》サトル『走れドクター！』（Amazon Services International, Inc. 販売、2018）

一冊目は「現役脳神経外科医の皆生トライアスロン奮戦記」というサブタイトルを持つ電子書籍オリジナル作品です。

ロングに出場するなら皆生と以前から決めていて、ユーチューブでバイクやスイムのコースをチェックしたりして対策を練り、ついに応募に踏み切りました。しかし、選考の厳しさで有名な大会です。わたしごときの実績ですぐ出場できるほど甘くはありませんでした。

かくなるうえは落選実績を積み重ねていくしかないのですが、その分加齢が進んでいきます。また、ロング向けの練習時間の確保も難しいと判断し、二回目以降の応募は断念しました。

そんなわけで、灼熱の皆生トライアスロンの奮戦記を興味深く読みました。こういうレポートはともすると自己満足の完走記に陥りかねないのですが、本書は違います。そもそも、完走記ではありません。著者は必死に戦ったものの、あと一歩及ばず関門でアウトになっているのです。

あとがきにはこう記されています。

「私の物語には、好敵手とのデッドヒートも、表彰台の華やかな瞬間もない。ギリギリ完走レベルの選手が結局は時間切れ失格になったというだけの、身も蓋もない話だ。しかし、そこにも忘れがたい、素晴らしいドラマがあった。私はそんな体験をどうしても書き残しておきたかった」

容赦なく照りつける灼熱の太陽、着実に蝕まれていく体調、関門に間に合わないことはわかっているのに杖を突いて進む選手、関門アウトを告げたマーシャルとスタッフの拍手……。

どうしても書き残しておきたいという思いが伝わってくる一冊です。

㊹秋田《あきた》隆輝《たかき》『ロングトライアスロンで完走したいあなたへ！』（豊作パブリッシング、2014）

電子書籍オリジナル作品が続きます。

副題は「制限時間ギリギリのトライアスロン馬鹿がお教えします。」。国内のロング大会を完走するために、準備段階から練習、さらに移動方法や宿泊施設、当日の補給食などに至るまで、経験者ならではの視点に基づいて事細かに伝授してくれます。写真も豊富で、国内のロング大会を目指している方には良き指針となるでしょう。

海外の大会を目指すのであれば、佐藤《さとう》フミオス『はじめての海外ロング』（オフィスフミオサトウ）がおすすめ。副題は「海外ロングディスタンストライアスロン〜完走までのＱ＆Ａ24〜」。情報量が豊富で、かゆいところに手が届く内容になっています。

㊺デイブ・スコット著、中山俊行《なかやまとしゆき》監訳、小林信也《こばやしのぶや》訳『デイブ・スコットのトライアスロン』（並木書房、1989）

ここからは、ロングトライアスロンを完走するための体づくりやトレーニング法に力点を置いてみましょう。

まずはハワイのアイアンマンで何度も優勝し、「トライアスロン界のベーブ・ルース」と呼ばれる伝説のトライアスリートによる一冊です。

邦訳で二段組み３００ページ近いボリュームで、非常に詳細な記述がなされています。１９８０年代の後半に出た本ですが（原書房版は１９８７年）、いまなお有益な指南書です。

たとえば、「水泳を得意種目にする」という章にはこんな記述があります。

「手のひらに目があると想像する。手のひらの目が、ちょうど真うしろのプールの端を見るようにするとよい」

このくだりに接しただけでも読んだ甲斐があったと思ったものです。

3種目のトレーニングの詳説ばかりでなく、トレーニング・プログラム、筋トレ、レース必勝術、食事指南と盛りだくさんの内容です。

本書を「永遠のバイブル」と称えているのが彦井《ひこい》浩孝《ひろたか》『アイアンマンのつくり方。』（アールビーズ）。科学的データも駆使し、トライアスロンの最高峰に挑むトライアスリートたちに力を送る一冊です。

㊻八田《はつた》益之《ますゆき》・田中《たなか》研之輔《けんのすけ》『覚醒せよ、わが身体。トライアスリートのエスノグラフィー』（ハーベスト社、2017）

ロングからアイアンマンへと自分の身体能力を引き上げ、レースに対応していくためには、精神力も高めなければなりません。短期間で一流のトライアスリートに上りつめた八田氏の経験が生き生きと綴られた本書は、最高峰を目指すトライアスリートの「覚醒」の契機となることでしょう。

八田氏のトライアスロンに関する修士論文（本書の母体）の指導に当たった田中氏との

コラボで、副題にエスノグラフィー（文化人類学や社会学で使用される調査手法）という用語が使われているように、ほかのトライアスリートたちの興味深い経験談も紹介されています。

しかし、何と言っても読みどころは八田氏の経験談で、自転車通勤を始めるところから、ハワイ島コナ２２６キロでその体を極限に至るまで覚醒させて好成績を収めるまで、小説のようなスリリングな読書体験を味わうことができます。

㊼マーク・クリオン、トロイ・ジェイコブソン著、新見《にいみ》正則《まさのり》監修、東出《ひがしで》顕子《あきこ》訳『トライアスロンアナトミィ』（ガイアブックス、2014）

トレーニングの一環として筋トレを取り入れている方も多いでしょう。

そんな読者にうってつけなのが本書。大判の書籍のつくりは、左ページが筋トレのやり方と使う筋肉の解説、右ページは「トライアスロンのここに効く」と題し、実際の競技でその筋肉が使われているさまが図解されています。筋肉だけ色がついていますから、すこぶるわかりやすいです。

筋トレはケガの危険もつきまといますが、それぞれのエクササイズには「安全のためのアドバイス」が付されているから安心です。

もう一冊、監修者の著作も紹介しておきましょう。新見正則『じゃぁ、そろそろ運動しませんか？』（新興医学出版社）は「西洋医学と漢方の限界に気がつきトライアスロンに挑戦した外科医の物語」という副題を持つ自伝的エッセイ。50代の前半までカナヅチだったのに、遅く授かった娘と行ったプールがきっかけでトライアスリートになったという経歴はわたしとまったく同じなので親近感がわきます。

もう一つ共感を覚えたのは「仕事がはかどる」という項目。3種目の練習時間を捻出するためのマネジメントが重要なトライアスロンを始めたおかげで、わたしもさまざまな仕事を同時進行することで生産量が格段に上がりました。トライアスロンと仕事には、明らかに相乗効果があります。

㊽河原《かわはら》勇人《はやと》『ロングトライアスロン・フルマラソンランナーのための河原流鉄人操体術RUN編』（豊作パブリッシング、2017）

タイトルは「RUN編」ですが、著者は数々のロングの大会で優勝経験のあるトライアスロン・コーチで、ロングを目指すトライアスリート向けの内容につき、この項目で紹介することにしました。

アイアンマンのような長丁場では、３種目めのランの重要度が格段に増してきます。なにしろフルマラソンの距離です。バイクまでで力を使い果たしてしまったら、ランで失速して完走すらおぼつきません。

そのロングトライアスロンのラン対策に特化した内容で、電子書籍の特性を活かし、動画を参照しながら体づくりを行うことができるような配慮がなされています。レースギアの選び方、準備体操、体幹補強、ドリル練習、ランニング実践、整理体操その他、本書の指導に従えばロングのランに耐える体をつくれそうです。

㊾「トライアスロン・ルミナ」（セロトーレ）

ブックガイドの掉尾《とうび》を飾るのは専門誌です。

年４回刊行される、現在、国内唯一のトライアスロン総合誌では、コナの世界選手権やアイアンマンや国内のロング大会が折にふれて特集されています。最新グッズの紹介から各種目の攻略法、エイジの強豪のインタビューや大会レポートなど、盛りだくさんの内容です。ロングを目指すのなら必須の媒体と言えるでしょう。

㊿「トライアスロン・トリップ」(ジェントル・ブリーズ)

ルミナの前身で、２００９年から２０１１年にかけて10冊刊行されました。バックナンバーはまだ入手可能です。

コナを目指す上昇志向が強い現雑誌より、アットホームな雰囲気が持ち味です。タイトルロゴの脇にはこう記されていました。

「人生を旅するように、あなたのペースで。」

まさに至言でしょう。

それぞれのペースに従って、トライアスロンライフを楽しんでください。

それぞれの道

一から始めて、トライアスロン大会を完走するところまで。できれば、オリンピック・ディスタンスを余裕を持って完走できるところまで。

そんな道先案内役の一冊になれるようにという思いをこめて執筆を続け、ようやくここまでたどり着きました。

オリンピック・ディスタンスまで来れば、ここから先は道が分かれます。

まずはミドルからロングへ、さらにアイアンマンから世界選手権へ。少しずつ上のステージへと進んでいくルートです。

もう一つは、距離を延ばすことなく、トライアスロンライフを楽しんでいく道です。お気に入りの大会にだけ出るのもいいし、旅を楽しみながら新たな大会を開拓していくのもいいでしょう。むろん、自己ベストの更新を目指す道もあります。

トライアスリートの数だけ競技人生があります。それぞれのペースで、どうか存分に楽しんでください。

一人のレジェンド

「はじめに」では「生涯スポーツとしてのトライアスロン」という項目を立てました。とはいえ、あまり高齢まで続けられるスポーツではないのではないかと思われる方もいるかもしれません。

そんな方に紹介したい一人のレジェンドがいます。

その名は、稲田弘《いなだひろむ》さん。

60代で近くのジムで水泳を始め、アクアスロンの大会にも出るようになった稲田さんが初めてロードバイクを買ったのは69歳のときでした。そして、70歳にしてトライアスロンへの出場を決意するのです。何かを始めるのに遅すぎるということはありません。

トライアスリートとしての道のりは決して平坦ではなく、76歳で出場したアイアンマン・ジャパンではランでタイムオーバーになってしまいました。それでもあきらめることなく再チャレンジし、80歳でアイアンマン世界選手権を初完走します。

これだけでも充分に凄いキャリアですが、「世界のイナダ」に飛躍するのはなんとこれからなのです。

82歳で迎えた２０１５年のアイアンマン世界選手権で、稲田さんはゴール直前に力尽きて倒れこんでしまいます。どうにか立ち上がり、意識朦朧となりながらもフィニッシュラインを目指しましたが、残念ながら制限時間まであと5秒足りませんでした。

その姿は海外のメディアで配信され、ＳＮＳで拡散されて全世界に広まりました。それによって、完走はならなかったものの、稲田さんは世界的に知られるようになったのでした。

トライアスロンの創生期に、ジェリー・モスが這ってでもゴールを目指す姿が多くの人々の感動を呼びました。のちに名選手となるマーク・アレンのように、その姿に感銘を受けてトライアスロンを始めた人も少なくありません。稲田さんの「あと5秒の完走」からも多くのバトンが渡ったことでしょう。

稲田さんの奮闘はさらに続きます。

翌２０１６年には前年のリベンジを果たして見事に完走。さらに、２０１８年には85歳で最高齢完走を果たしました。この二度の記録はギネス世界記録に認定されています。

80歳代になってもハードなトレーニングを続ける稲田さんは、バイクにはまだ伸びしろがあると語り、90歳での現役を見据えています。まさに生涯スポーツとしてのトライアスロンです。

海外勢も負けてはいません。アメリカのシスター・マドンナ・ビューダーはなんと88歳で全米トライアスロンの年代別チャンピオンに輝きました。これまでにトライアスロンを約３５０回完走、そのうち約50回はアイアンマンなのですから、まさにスーパー修道女《シスター》です。

稲田さんやビューダーさんと比べるのはまったくおこがましいですが、還暦ながらわたしもバイクにはまだまだ伸びしろがあると感じています。コロナ禍で自粛生活を続けていたとき、屋内でできるヴァーチャル・サイクリングアプリのZwiftを始めました。それに熱中した成果か、バイクの力が以前よりついて脚も太くなりました。いくつになっても練習の成果は出るようです。

たとえ定年後に始めたとしても、決して遅すぎることはありません。自分に合ったペースで、生涯スポーツとしてのトライアスロンを楽しんでください。

2020〜2021年のトライアスロン大会

コロナ禍で２０２０年はおもだった大会が軒並み中止または延期を余儀なくされてしまいましたが、例年ならシーズンの終盤に当たる10月からようやく各地で大会が開催されるようになりました。

10月の第１日曜は川崎港トライアスロンin東扇島と水郷潮来トライアスロン、第２日曜は台風の影響でどちらもデュアスロンに変更されましたが、大阪城トライアスロンと九十九里トライアスロン、第３日曜はアイアンマン70・３セントレア知多半島ジャパンと長良川国際トライアスロンが開催されました。のちに詳述しますが、いずれも新型コロナ対策に万全を期した大会運営でした。

マラソンは大多数の大会が中止もしくは延期で、オンラインでの代替開催も目立ちました。それに比して、トライアスロンのほうが明らかに復活が早かったように思われます。

その最大の理由は、双方の参加人数の違いでしょう。トライアスロンで千人規模の参加者だともう日本を代表する大規模大会に数えられますが、マラソンでは１万人を超える参加者の大会はたくさんあります。

新型コロナ対策として三密を避けるローリングスタートを採用した場合、トライアスロンなら工夫すれば対処も可能ですが、マラソンの大規模大会ではなかなかそうはいきません。参加者の少ない月例マラソンや、ウルトラマラソンなどでは実際そのようなスタート方式で開催されていましたが、大規模大会では途方もない時間がかかってしまいます。

その点、参加者が数百名の規模の大会が多いトライアスロンは小回りが利きます。ウィズ・コロナの時代には、マラソンよりトライアスロンのほうがはるかに対応力がありそうです。

新型コロナ対策の実際

では、実際の大会ではどのような新型コロナ対策が講じられていたのでしょうか。体験もまじえて紹介してみたいと思います。

まずわたしが参加した川崎港トライアスロンin東扇島では、競技中以外はマスク着用が義務づけられていました。試泳をする直前にマスクを外してごみ箱に入れ、レース後に支給されたマスクを着用します。これによって、レース中以外はずっとマスクをした状態が続くわけです。再開された世界トライアスロンシリーズでもこの方式が採られていました。

10月にはほかにもいくつかの大会が開催されました。大会によって細部に若干の違いはありましたが、「競技中以外はマスク着用」の徹底は共通していました。

人と人との接触を極力減らす対策も講じられていました。応援者はキッズの部が二人まで、一般の部は一人だけに制限されました。応援者をいっさい入れず、レースの模様はオンライン映像で配信された大会もありました。

トランジションの間隔は従来より広く、ゆったりとバイクと各種の用具を置くことができました。特筆すべきは、トランジションタイムがリザルトから除外されたことです。これによって、焦ることなく、ほかの選手と充分な距離を取りながら落ち着いて次の種目に移ることができました。

スタッフがマジックで腕や手の甲にゼッケン番号を記していたナンバリングはなく、支給されたキャップにあらかじめ記されていました。記録を計測するアンクルバンドの着脱もすべて選手自らが行います。ランの周回数を間違えないように1周ごとにはめられていた輪ゴムは不採用となりました。そのせいか、周回ミスによるＤＮＱが20人も出ていました。

前後しますが、検温などの水際対策も周到でした。そもそも、競技説明会の動画をチェックし、合言葉を問診票に記入していなければ受付を通れないシステムになっていました。

競技説明会の動画をチェックする義務は応援者にも課せられました。

トイレをはじめとしていたるところに消毒液が置かれ、手指消毒の徹底が図られていました。応援は声援ではなく、もっぱら拍手によるものでした。開会式はアナウンスのみで、表彰式はなし。人が集まる会場でのリザルトの掲示も見合わされました。

よく練り上げられた新型コロナ対策で、参加してみて「これなら大丈夫」という確信を得ることができました。主催者サイドによる徹底した対策と参加者の意識の高さが合致すれば、少なくとも会場で感染するリスクはかぎりなくゼロに近いでしょう。

バイクをピックアップして引き上げるとき、広い公園内でバーベキューに興じている多くの人を見かけました。新型コロナ対策に腐心していた大会に参加した直後だけに、ギャップにいささか戸惑ったほどです。

同日開催の水郷潮来も、翌週からの大会も、新型コロナ対策については評価の高いものでした。大会によって判断が分かれたのは同伴ゴールを許可するか否かくらいで、細部こそ違え足並みはそろっていました。これらの大会運営に範を取れば、２０２１年以降の大会もおおむね滞りなく開催されることでしょう。

いったんこう記しましたが、２０２１年は変異株の猛威の影響で状況はさらに厳しく、

2020年には開催された川崎港トライアスロンin東扇島なども中止を余儀なくされてしまいました。開催されたのは水郷潮来などわずかな大会にとどまりましたが、2022年からは飛躍的に開催数が増え、やがては旧に復すはずです。期待して待つことにしましょう。

成熟した大人の生涯スポーツ

ワクチンの普及などにより、出口に光明は見えているものの、コロナ禍の終焉はいまだ見通せません（2021年10月現在）。

さりながら、ウィズ・コロナの時代こそ、大規模マラソンよりはるかに少ない参加者がルールに則って競技するトライアスロンの価値が見直されるものと筆者は確信しています。

トライアスロンの第4の種目はトランジションだとよく言われますが、ここに第5の種目としてマネジメントを加えたいと思います。練習時間を捻出し、効果的な練習を行い、体調を整えてレース当日に臨む。そういった日頃からのマネジメントも、「成熟した大人の生涯スポーツ」としてのトライアスロンには欠かせない要素です。

繰り返しになりますが、スイム・バイク・ランの3種目をこなしてフィニッシュゲートをくぐるときの達成感は何物にも代えがたいものがあります。読者のみなさんがその第一歩を踏み出すきっかけに本書がなることができれば、これにまさる喜びはありません。

では、いつかどこかの大会でお目にかかりましょう。

決して無理をせず、マイペースでトライアスロンライフを満喫してください。

あなたの目の前には、美しい洋々たる海が広がっています。

2021年11月

倉阪鬼一郎

参考文献

【書籍・雑誌】＊著者五十音順

青山剛監修『レースに勝つための最強トライアスロントレーニング』（日東書院本社）／『どんどん走れる体になる！青山剛のスイッチ・ランニング』（高橋書店）／秋田隆輝『ロングトライアスロンで完走したいあなたへ！』（豊作パブリッシング）／浅田顕監修『ロードバイクを自在に操るための知識・技術・トレーニング』（ナツメ社）／岩本能史『非常識マラソンメソッド』（SB新書）／岩本能史『違う自分になれ！　ウルトラマラソンの方程式』（講談社）／奥野景介『クロール』（ベースボール・マガジン社）／奥野景介『DVD完全レッスン！　水泳4泳法』（日本文芸社）／快適スイミング研究会編『ゼロからの快適スイミング　ゆっくり長く泳ぎたい！』（学習研究社）／加藤健志監修『DVD上達レッスン水泳』（成美堂出版）／『加藤健志コーチのプールサイドで速くなろう!!』（ベースボール・マガジン社）／鏑木裕『最新ロードバイクメンテナンス入門』（コスミック出版）／川嶋伸次『DVDマラソン』（池田書店）／河原勇人『ロングトライアスロン・フルマラソンランナーのための河原流鉄人操体術RUN編』（豊作パブリッシング）／川本和久『足が速くなる「ポンピュン走法」DVDブック』（マキノ出版）／金哲彦『3時間台で完走するマラソン　まずはウォーキングから』（光文社新書）／『金哲彦のランニング・メソッド』（高橋書店）／窪康之・岩原文彦『DVDレベルアップ！　水泳4泳法完全マスター』（西東社）／小出義雄『30キロ過ぎで一番速く走るマラソン』（角川新書）／小出義雄『マラソンは毎日走っても完走できない』（角川SSC新書）／財団法人日本水泳連盟編『オープンウォータースイミング教本』（大修館書店）／佐々木功『「ゆっくり走れば速くなる」マラソン㊙トレーニング』（ランナーズ）／笹原辰夫『大人の水泳』（日本文芸社）／佐藤フミオス『はじめての海外ロング』（オフィスフミオサトウ）／篠崎友・竹内正昭監修『この1冊で始められる！　トライアスロン完走BOOK』（成美堂出版）／柴田義晴『DVD付き　ゆったりクロールで長く、楽に泳ぐ！』（ナツメ社）／柴田義晴『オールカラー版DVD付き　基礎からマスター水泳』（ナツメ社）／白戸太朗『ゼロから始めるトライアスロン入門』（KADOKAWA）／白戸太朗『仕事ができる人はなぜトライアスロンに挑むのか!?』（マガジンハウス）／鈴木彰『eA式マラソン走力UPトレーニング』（ナツメ社）／鈴木彰『eA式マラソン〈新常識〉トレーニング』（ナツメ社）／鈴木清和監修『トップアスリートのランニングフォームで自己記録がぐんぐん伸びる本』（スタジオタッククリエイティブ）／鈴木大地・藤本秀樹編『だれでもどこでも泳げるようになる!　水泳大全』（東洋館出版社）／高石ともや『気分はいつもトライアスロン』（ランナーズブックス）／『最強ホビーレーサー高岡亮寛が教えるロードバイクトレーニング』（日東書院本社）／高岡尚司『ゼロベースランニング』（実業之日本社）／堂城賢『自転車の教科書』（小学館文庫）／堂城賢『自転車の教科書　身体の使い方編』（小学館）／『高橋尚子のランニングパーフェクトマスター』（新星出版社）／高橋雄介『最先端泳法「フラットスイム」でクロールがきれいに速く泳げる!』（東邦出版）／高橋雄介『誰でも1km泳げる!　がんばらないクロール』（SB新書）／竹谷賢二『バイシクルライディングブック』（ベースボール・マガジン社）／竹谷賢二『バイシクルトレーニングブック』（ベースボール・マガジン社）／竹谷賢二『ロードバイクの作法　やってはいけない64の教え』（SB新書）／田中宏暁『賢く走るフルマラソン』（ランナーズ）／田中宏暁『スロージョギングで人生が変わる』（健康人新書）／角皆優人『楽しみながら、もっと速く!　もっと長く!　大人の水泳教室』（メイツ出版）／『土井雪広の世界で戦うためのロードバイク・トレーニング』（東京書籍）／「トライアスロンを楽しむ会」編、社団法人日本トライアスロン連合監修『スポーツのある生活で健康に　誰でもできるトライアスロン』（学習研究社）／『トライアスロンバイク&ギア完全ガイド　購入からセッティングまでバイクパートのすべてがわかる!』（枻出版社）／中島靖弘監修『トライアスロン完全BOOK　レベルアップのコツ55』（メイツ出版）／中島靖弘『骨盤ランニング』（ベースボール・マガジン社）／中野ジェームズ修一『マラソンは最小限の練習で速くなる!』（SB新書）／鍋倉賢治『マラソンランナーへの道』（大修館書店）／鍋倉賢治『続・マラソンランナーへの道』（大修館書店）／新見正則『じゃあ、そろそろ運動しませんか?』（新興医学出版社）／西加南子『より速く、より遠くへ!　ロードバイク完全レッスン　現役トップアスリートが教える市民サイクリストのトレーニング法』（SB新書）／西野サトル『走れドクター!』（Amazon Services International,Inc.

販売）／野口智博『DVD付き　速く美しく泳ぐ！4泳法の教科書』（ナツメ社）／野口智博『もっと贅沢に楽しく泳ごう！　知的に水泳レッスン』（ベースボール・マガジン社）／野澤伸吾『アラフォーからのロードバイク』（SB新書）／野中秋世『トライアスロンはじめました。』（誠文堂新光社）／野中秋世『トライアスロンはまりました。』（誠文堂新光社）／萩原智子監修『DVDレッスン萩原智子の水泳　基礎からチャレンジ！』（学研パブリッシング）／八田益之・田中研之輔『覚醒せよ、わが身体。トライアスリートのエスノグラフィー』（ハーベスト社）／原章二『マラソン100回の知恵　サブフォーをめざす市民ランナーへ』（平凡社新書）／原章二『ただ走る哲学者　海外マラソン9連戦始末記』（平凡社）／原英晃『呼吸泳本　呼吸を変えるだけで速くなる』（ベースボール・マガジン社）／原英晃『おとな×ブカツ　スイミング部』（ベースボール・マガジン社）／彦井浩孝『アイアンマンのつくり方。』（アールビーズ）／福田昌弘『ロードバイクスキルアップトレーニング』（日東書院本社）／別府匠監修『ロードバイク　ライディングのコツ60　プロが教える基本＆トレーニング』（メイツ出版）／満生文洋監修『いちばんやさしいロードバイクメンテナンス＆乗り方完全ガイド』（池田書店）／『宮澤崇史の理論でカラダを速くするプロのロードバイクトレーニング』（日東書院本社）／みやすのんき『走れ！マンガ家　ひぃこらサブスリー』（実業之日本社）／みやすのんき『誰も教えてくれなかったマラソン　フォームの基本』（カンゼン）／『宮塚英也の8週間で誰でもトライアスリートになれる！』（ランナーズ）／村上春樹『走ることについて語るときに僕の語ること』（文藝春秋）／八尾彰一『2軸トライアスロンで楽に速くなる』（ランナーズ／吉岡利貢『毎日長い距離を走らなくてもマラソンは速くなる！』（SB新書）／ランニング学会編『ランニングリテラシー　走って　読んで　再発見！』（大修館書店）／ロードバイク研究会監修『最強ホビーレーサー6人が教えるロードバイクトレーニング』（日東書院本社）／『ロードバイク初・中級テクニック　ロードバイク上達への近道』（枻出版社）

ジェフ・ギャロウェイ著、有吉正博・渡辺雅之訳『ギャロウェイのランニングブック』（大修館書店）／マーク・クリオン、トロイ・ジェイコブソン著、新見正則監修、東出顕子訳『トライアスロン アナトミィ』（ガイアブックス）／デイブ・スコット著、中山俊行監訳、小林信也訳『デイブ・スコットのトライアスロン』（並木書房）／ジャック・ダニエルズ著、篠原美穂監訳、前河洋一翻訳監修『ダニエルズのランニング・フォーミュラ』（ベースボール・マガジン社）／テリー・ラクリン著、竹内慎司訳『誰でもラクに美しく泳げる　カンタン・スイミング　効率的に泳ぐトータル・イマージョン（TI）スイム・メソッド』（ダイヤモンド社）／『オープンウォータースイム　スピードアップスキル』（イージー・スイミング）／アーサー・リディアード著、小松美冬訳『リディアードのランニング・バイブル』（大修館書店）

「トライアスロン・ルミナ」（セロトーレ）／「トライアスロン・トリップ」（ジェントル・ブリーズ）／「ランニングマガジン・クリール」

【ウェブサイト・ブログ・SNSなど】

はじめに

岐阜県トライアスロン連合

第1章

アスリート・カンパニー／ピートのふしぎなガレージ／The IRONMAN Story／TRY-X／ナチュラルエナジー／TRI-JIUM／tri-navi／TRIFE／さあ、トライアスロンを始めよう!／XATH LON／It's Not About the IP／あすりーとKumaのトライアスロン・シニアライフ／アールビーズスポーツ財団／財経新聞／ランナーズ財団

第3章

希望の森トライアスロンinやながわ／会津大学トライアスロン部／ちびめがねのトライアスロン頑張るブログ／長岡蒼柴スポーツクラブ／たかはらやまトライアスロン　矢板市商工会／マロニエトライアスロン大会／群馬県トライアスロン協会／サイクルスポーツ／Be myself／第32回レディストライアスロン選手権国営昭和記念公園大会 第30回国営昭和記念公園トライアスロン大会／トラ班長の日々修行／悩める営業マンの【休憩所】／チームケンズ／オール・フォー・ワン／トライアスロンステーション／Suita City Triathlon／広島県トライアスロン協会(フェイスブック)／玉津サイクル／グリーンピアせとうち／佐賀トライアスロンクラブ／長井トライアスロン大会／かわうちラボ／伊勢崎市トライアスロン協会／八王子トライアスロン連合／町田市トライアスロン連合／福岡トライアスロンフェスタ(フェイスブック)／さがえトライアスロンフェスティバル／山形県トライアスロン協会／ラブトライアスロン／ストラーダ・バイシクルズ／びわこトライアスロンin高島(フェイスブック)／榛名湖リゾート・トライアスロンin群馬／横浜シーサイドトライアスロン／京都丹波トライアスロン大会in南丹／東京・江戸前トライアスロン／トライアスロンスタイル(フェイスブック)／メタボオヤジ、トライアスロンやるってよ。／try-naviR／コスミック／しずまえトライアスロンin静岡／SPAIA／みなと酒田トライアスロンおしんレース／秋田トライアスロン芭蕉レース象潟大会／渡良瀬遊水地／館山わかしおトライアスロン／木更津トライアスロン大会／レイクハマナ・トライアスロンin村櫛大会／蒲郡オレンジトライアスロン／アラフォーナースマン(46歳だけど)のトライアスロン挑戦&泥酔記／大阪城トライアスロン／兵庫県トライアスロン協会／千葉シティトライアスロン／長崎西海トライアスロン祭／琉球アスティーダ／苫小牧ハスカップトライアスロンin勇払／水郷潮来トライアスロン／手賀沼トライアスロン／流山すみずみ／クレーム処理係のトライアスロントレーニング／のとじまトライアスロン大会／伊勢志摩・里海トライアスロン大会／アスリートワールド ガナス／グリーンパークトライアスロンin加西／加西市／思い立ったが吉日／島根県トライアスロン協会／LUMINA webマガジン／さくらおろち湖周辺を１００％楽しむサイト／トライアスロンだよハゼドン／大崎上島ＨＡＰＰＹトライアスロン／伊予市トライアスロンinふたみ／未知倶楽部／天草宝島国際トライアスロン／天草市／30歳からのトライアスロン挑戦／肥満を維持しながらトライアスロンを続ける方法／石垣島トライアスロン／たびらい沖縄／トライアスロンで初完走を／びわ湖トライアスロンin近江八幡／倉敷国際トライアスロン大会／トライアスロンさぎしま大会／あやはしトライスロン／九十九里トライアスロン99T／霞ヶ浦トライアスロンフェスタ／しゅみでトライアスロン／磐田トライアスロンクラブ／B系トライアスロン／アイアンマン70・3セントレア知多半島ジャパン／うつくしまトライアスロンinあいづ／太平洋トライアスロンinいわき／長良川国際トライアスロン大会／サンポート高松トライアスロン／松山市／村上・笹川流れ国際トライアスロン大会

付録1

Triathlon LUMINA／Triathlon Trip／Mybest／初めてのトライアスロン部(フェイスブック)／ロードバイクのあれこれ／オーシャンナビ／SPOSHIRU／トライアスリスタ／Medical Note／Cyclist／GAZOO／FRAME／西濃運輸／FREEWILL／湘南ベルマーレスポーツクラブ／湘南ベルマーレトライアスロンチーム(フェイスブック)／Club GERONIMO／日本トライアスロン連合／素人のトライアスロン

付録2

白戸太朗オフィシャルサイト／チームブレイブ／イージー・スイミング／ベースボール・マガジン社／やまめの学校｜やまめ工房／狩猟採集民のように走ろう！／河原勇人公式ページ

おわりに

CAMPANELLA

幻冬舎新書 645

はじめてのトライアスロン

二〇二二年三月三十日 第一刷発行

著者 倉阪鬼一郎

発行人・編集者 志儀保博
編集人 小木田順子
発行所 株式会社 幻冬舎
〒一五一-〇〇五一 東京都渋谷区千駄ヶ谷四-九-七
電話 〇三-五四一一-六二一一(編集)
〇三-五四一一-六二二二(営業)
振替 〇〇一二〇-八-七六七六四三
ブックデザイン 鈴木成一デザイン室
印刷・製本所 中央精版印刷株式会社

Printed in Japan ISBN978-4-344-98647-3 C0295
く-5-5
幻冬舎ホームページアドレス https://www.gentosha.co.jp/
＊この本に関するご意見・ご感想をメールでお寄せいただく場合は、comment@gentosha.co.jp まで。